短线操盘
天地战法

CCI精准捕捉
牛股买卖信号

股海扬帆◎著

中国铁道出版社有限公司
CHINA RAILWAY PUBLISHING HOUSE CO., LTD.

内 容 简 介

顺势指标（CCI）在判断股价极端行情时有着其得天独厚的优势，因为在超买、超卖类指标中，CCI 是不受常规区间限制的一个指标，可大到无穷大，小到无穷小，这也为其判断股价在极端状态下提供了其他指标所不具备的优势，对于捕捉牛股加速上涨及极弱股的反弹行情，提供了可靠的依据。

本书结合短线操盘的理念，充分利用 CCI 指标这一独特优势，并结合其他指标进行有效的辅助判断，总结出一套行之有效的短线捕捉牛股的操盘体系。只要严格按照这一短线操盘体系实战操作，即可在短线操盘中，通过 CCI 及其他辅助指标，准确判断出牛股启涨和启跌时的买卖信号，实现短期的快速获利。

图书在版编目（CIP）数据

短线操盘天地战法：CCI精准捕捉牛股买卖信号/股海扬帆
著.—北京：中国铁道出版社有限公司，2022.3
　ISBN 978-7-113-28611-8

Ⅰ.①短… Ⅱ.①股… Ⅲ.①股票投资−基本知识 Ⅳ.①F830.91

中国版本图书馆CIP数据核字(2021)第247144号

书　　名：短线操盘天地战法：CCI 精准捕捉牛股买卖信号
　　　　　DUANXIAN CAOPAN TIANDI ZHANFA：CCI JINGZHUN BUZHUO NIUGU MAIMAI XINHAO
作　　者：股海扬帆

责任编辑：张亚慧　　编辑部电话：(010) 51873035　　邮箱：lampard@vip.163.com
编辑助理：张秀文
封面设计：宿　萌
责任校对：苗　丹
责任印制：赵星辰

出版发行：中国铁道出版社有限公司（100054，北京市西城区右安门西街 8 号）
印　　刷：北京柏力行彩印有限公司
版　　次：2022 年 3 月第 1 版　2022 年 3 月第 1 次印刷
开　　本：700 mm×1 000 mm 1/16　印张：14.75　字数：207 千
书　　号：ISBN 978-7-113-28611-8
定　　价：69.00 元

前　言

　　在分析行情时，很多投资者都习惯将顺势指标（CCI）作为一种辅助判断的指标。事实上，如果以其他指标为辅、以 CCI 指标为主来分析行情，更能起到意想不到的效果。因为 CCI 能更准确地把握住股价在极端行情下的异动。

　　为什么这样说呢？道理很简单。相对于其他指标而言，一般都会受到指标数值在显示区域的限制，比如投资者熟知的 MACD，是以 0 值为中心轴的，KDJ 则是以 50 线为中心轴的。但是同为超买、超卖类指标，CCI 却不会受到中心轴和数值在显示区域的限制。

　　CCI 虽然同样有着正负值的区别，但是却不受数值的约束，向上可以大到正值的无穷大，向下可以小到负值的无穷小，这是什么概念呢？

　　从炒股软件中技术指标显示区域的角度看，当股价处于超买、超卖状态时，很多指标都会出现一定时间的钝化，无法真实地反映出股价在超买、超卖状态的具体走向，如其他指标中的短期指标线，就会表现为平行，但 CCI 这时却能够利用自身的优势，准确反映出股价在极端行情中的具体走向。

　　这一点正是 CCI 最大的优势。而这一优势，也正是通过 CCI 能够准确判断出股价在极端行情下出现异动的根本。

　　每一位入市的投资者都知道，当股价出现快速上涨时，都是受到市场资金追逐和热捧造成的，也就是能够成为市场热点的股票，才会遭到市场资金的跟风，造成股价短期的强势。而这一时期，正是股价处于超买状态的时期。CCI 这一指标，均会无一例外地进入超买区域，这就为捕捉牛股极强状态下的异动提供了可靠的依据。反之，当 CCI 发出明显的股价超买信号时，无疑就是股价快速上涨的征兆。

　　还有一种极端行情，就是股价处于弱势的超卖状态，因为市场的看空，几乎所有持股者都在卖卖卖时，股价的超卖就形成了。但严重的超卖接连出现时，又会形成报复式的反弹，物极必反。当反弹开始时，CCI 同样能够准确地发出转强的信号，成为抢反弹的最佳时机。

同样的道理，当股价在超买状态下，中止快速上涨时，也正是超买状态结束时，同样受物极必反的影响，当 CCI 结束超买区的运行时，往往也就是股价回归正常走势，结束快速上涨的开始。

CCI 这种在超买、超卖状态的表现之初所形成的明显趋向，就是牛股在启涨和启跌形成时的买卖信号，如果再配以其他指标的辅助判断，以及通过量价来确认股价启涨和启跌的强度，就能够准确地捕捉到牛股的涨跌交易时机。因为只有短期牛股，在出现快速启涨或启跌时才会表现得更为强烈。

因此，一旦股价进入极端行情时，CCI 的异动就会为牛股的启涨或启跌提供准确的操作信号。前提是，在使用 CCI 前，你必须深刻了解 CCI 这一指标，尤其是区分出 CCI 的常态区、超买区和超卖区，以及常态下或背离状态下 CCI 的交易形态和运行规律，这样才能充分利用 CCI 判断出牛股的启涨与启跌信号。

由于在 CCI 的天地战法中，操作的是强势股的涨跌时机，属于短线操盘，所以，在使用 CCI 操盘时，必须熟练掌握短线操盘的交易策略、交易原则、交易纪律、仓位管理方法，这样才能更为熟练地在实战中运用好 CCI 的各种交易技巧。

真正了解了 CCI 天地战法的技术，你才会更加明白一个道理：大多数人恐惧时，有的人为什么会产生贪婪？大多数人贪婪时，有的人又为什么会心生恐惧？

作　者

2021年12月

| 目 录 |

第 1 章

CCI：股价趋势强弱的信号灯

当股价趋势出现快速转强或快速转弱时，CCI指标均会发出明显的信号，所以，CCI是判断牛股启涨或启跌时重要的指标。但学习如何利用CCI捕捉牛股前，一定要首先了解CCI的基础知识，如CCI走势与背离、CCI与股价趋势的关系、实战应用及CCI指标的优缺点，这样才能更为熟练和准确地使用CCI这一指标，准确捕捉到牛股的买卖信号。

1.1 CCI走势与背离

1.1.1 顺势指标（CCI）及主要特点

顺势指标（CCI）是一种可以反映股价趋向变化的特殊超买、超卖类指标，尤其是在股价极端的行情下，CCI的方向更能准确地反映出股价的趋势变化。这是因为CCI数值具有向上可以大到无穷大、向下可以到无穷小的特征，不受指标区间的限制，也就是不会表现为钝化，并且不需要以0或50的中轴线制约，但是却只有一根曲线显示，且要以天线+100和地线−100为主要参考，并由此得出CCI三个独特的区域，用于判断行情。

CCI三个主要区域的划分：

（1）超买区。当CCI数值达到并超过+100时，也就是CCI曲线运行到+100以上时，即表明股价进入超买状态，所以+100以上的区域为超买区。

如图1−1所示，东风汽车（600006）中A区域即为+100以上的超买区，CCI运行在这一区域时，即表明进入超买区。

图1−1 东风汽车−日线图

（2）超卖区。当CCI数值达到并跌破−100时，也就是CCI曲线运行到−100

以下时，即表明股价进入超卖状态，所以–100以下的区域为超卖区。如图1-1中C区域即为–100以下的超卖，CCI运行在这一区域时，即表明进入超卖区。

（3）常态区。就是CCI数值始终保持在–100～+100的区域时，由于股价在这一区域表现为正常状态的波动和震荡，所以这一区域又称震荡区。如图1-1中B区域即为–100～+100的常态区，CCI曲线运行在这一区域时，即表明进入常态区。

实战应用指南：

（1）在使用CCI判断和分析行情时，由于不同的炒股软件上CCI指标的显示不尽相同，所以应选择更能准确判断出三个区域的炒股软件进行判断和分析行情。

（2）选择炒股软件时，应优先选择以大智慧为代表的炒股软件，在大智慧炒股软件上，不仅可以显示出CCI的曲线运行变化，同时指标左侧还会标示出具体的数值，并且以虚线显示出区间，可以一眼就看到CCI处于哪个区域，处于什么状态。而在以同花顺为代表的炒股软件上，没有左侧对应的数值，只能通过具体数值来判断。

（3）CCI指标的显示，是显示在K线图最下方的指标区域，但是在使用以大智慧为代表的炒股软件时，可以单击鼠标右键，选择多图组合中的3图或4图等组合，下方的指标区域可以显示一个或多个，使用CCI时，只需对准指标区域输入CCI，按回车键即可。

1.1.2　CCI走势与背离

CCI指标由于只有一根曲线，所以在判断股价趋势时，只要在常态下，CCI的走势都是与股价运行方向相同的。只要根据CCI运行的方向，即可明白股价的趋势，不会因曲线过多造成判断股价运行方向的失误，运用起来十分简单。但在非常态下，却要时刻留意CCI是否出现与股价趋势运行相反的背离走势。

CCI背离的种类：

（1）CCI底背离，是指K线呈持续或震荡向下运行时，CCI表现为持续或震荡向上运行的状态。如图1-2所示，中国国贸（600007）在A区域，K线表现为震荡下跌，CCI表现为震荡上行，为CCI底背离。

图1-2　中国国贸-日线图

（2）CCI顶背离，是指K线呈持续或震荡向上运行时，CCI表现为持续或震荡向下运行的状态。如图1-3所示，皖通高速（600012）中A区域，K线表现为持续上行，CCI表现为震荡下行，为CCI顶背离。

图1-3　皖通高速-日线图

实战应用指南：

（1）CCI底背离经常发生在股价下跌趋势的过程中，通常是判断股价底部时，CCI率先回升的征兆。常态下可以根据CCI底背离结束来判断股价的转强征兆，但使用时应结合量价与其他指标综合判断，更为准确，尤其是在长期弱势状态下出现的底背离，即使是持续时间长，也难以准确判断出趋势转强，应结合整个股价运行规律予以确认。

（2）CCI顶背离经常发生在股价持续上涨的过程中，通常一次背离的结束，即可确认为阶段性高点的顶部形成，但股价在持续快速上涨中，经常表现为顶背离式上涨，所以判断CCI顶背离是否构成卖出形态与卖点时，应结合量价的情况进行确认。

（3）判断CCI背离时，应学会如何准确区分出持续上行或持续下行与震荡上行或震荡下行的方法。持续上行或下行很好判断，主要是震荡上行或下行，CCI震荡上行时为底背离的判断，CCI表现为向上运行中的震荡低点呈后一个高于前一个的不断抬高状态；震荡下行时为顶背离的判断，CCI表现为向下运行中的震荡高点呈后一个低于前一个的不断降低状态。

1.2　CCI与股价趋势的关系

1.2.1　超买区域与加速上涨趋势

由于股价在持续快速上涨的过程中，均处于超买状态，所以在利用CCI判断股价是否进入加速上涨趋势时，就有了可靠的依据，只要观察CCI是否向上突破+100线进入超买区域，即可确认股价的加速上涨趋势。

加速上涨时期间CCI的具体表现：

（1）股价在加速上涨趋势中，均表现为CCI在进入超买区域后，呈持续向上运行的状态。如图1-4所示，三一重工（600031）在加速上涨的A区域，CCI表现为进入+100以上超买区的震荡上行状态。

图1-4　三一重工-日线图

（2）CCI顶背离状态下，股价在加速上涨过程中，CCI表现为在超买区域，上行到一定程度后不再上行，而是转为持续或震荡向下的走势，即后一个CCI高点低于前一个CCI高点。

如图1-5所示，ST东北高（600003）在A区域股价在持续加速上涨期间，CCI表现为在超买区域的震荡向下运行，为顶背离期间的加速上涨。

图1-5　ST东北高-日线图

实战应用指南：

（1）在绝大多数情况下，CCI在顶背离状态下的震荡走低或持续超低期间，均不会跌破+100线，+100线又称天线，一旦跌破就意味着股价进入震荡走弱。所以判断加速上涨趋势是否结束时，CCI是否跌破+100线是一个重要的标准。

（2）常态下，股价在加速上涨趋势中，CCI始终保持在+100线之上的超买区域内，持续向上运行，一旦CCI不再向上运行，或是CCI表现为横盘小幅震荡，或是转为快速下行时，就意味着加速上涨趋势已告一段落。这种CCI在超买区域的细微变化，为判断股价是否结束加速上涨提供了可靠的依据。

（3）当股价在加速上涨的CCI常态状态下，如果CCI在超买区域中止上行时未表现为转跌，只是出现上行趋缓的横盘小幅震荡，虽然此时无法证明加速上涨趋势已快速转跌，或许只是上涨趋势的区间震荡调整，但同样可以说明此轮股价的加速上涨已经结束，因此同样是阶段顶到来的征兆。

1.2.2　超卖区域与加速下跌趋势

当股价表现为弱势状态的加速下跌时，CCI同样会运行到极弱的区域，接近-100线，一旦出现跌破-100线，就意味着进入严重的超卖区域，而股价的严重超卖，必然意味着股价会出现加速下跌，以快速释放做空动能。因此，一旦CCI跌破-100线后，即表明股价进入加速下跌趋势。

加速下跌期间CCI的具体表现：

（1）在股价与CCI同步走势的常态下，当股价处于加速下跌趋势时，CCI呈现在-100线之下和持续或震荡向下运行。如图1-6所示的上港集团（600018），当股价在A区域、B区域、C区域表现为常态下的加速下跌期间，CCI均进入超卖区，呈持续下行状态。

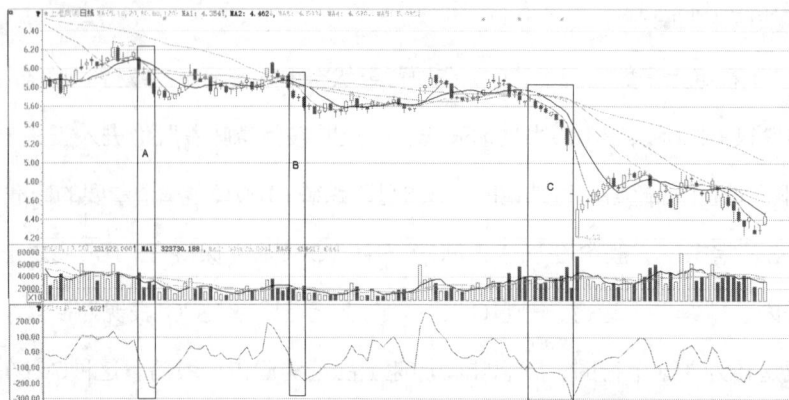

图1-6　上港集团-日线图

（2）在背离状态下，当股价出现震荡或持续的加速下跌时，CCI通常表现为在-100线之下的低点持续震荡回升，一旦回升中突破-100线，进入常态区偏-100线附近后，则说明股价结束了加速下跌，但是否转强，还应进一步确认。

如图1-7所示，上海电力（600021）在A区域K线震荡下行、CCI震荡上行的底背离状态下，CCI的低点均保持在超卖区的不断抬高。

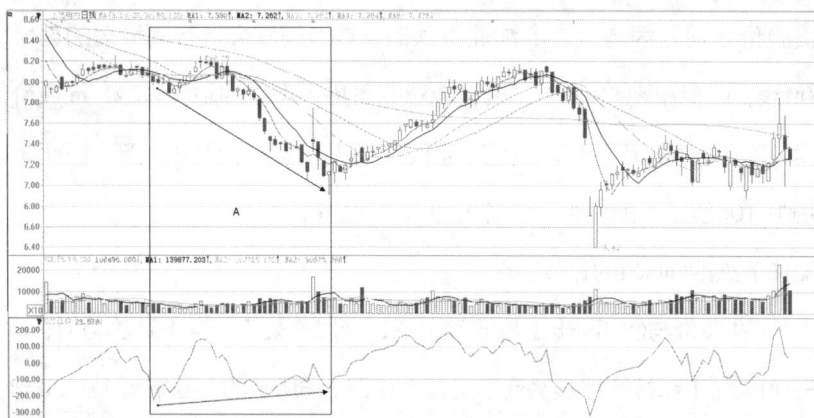

图1-7　上海电力-日线图

实战应用指南：

（1）在利用CCI判断股价是否进入加速下跌趋势时，主要观察CCI是否向下跌破-100线，因此-100线又称地线，一旦跌破，就意味着股价进入加速下跌的趋势。

（2）如果CCI在大幅下跌中首次跌破-100线后，短期出现回升到-100线以上的常态区，短时震荡后再次跌破-100线，往往是股价结束弱势的征兆，但判断是否为真正转强时，还应结合具体的形态来判断。

（3）如果CCI在背离状态下一直未突破-100线，说明股价依然处于弱势，只是可能不会表现为加速下跌，通常会出现小幅持续震荡下跌的阴跌或盘跌状态，时间往往较长。所以，即使是长期底背离状态下的CCI回升到-100线以上的常态区域，也不可轻易买入股票。

1.2.3　常态区域与震荡趋势

当股价表现为震荡趋势时，尤其是具有一定幅度的震荡趋势时，CCI均会表现为在-100～+100的常态区域来回上行或下行。因此，只要根据CCI在常态区域的反复波动，即可确认股价处于震荡趋势。

震荡趋势期间的CCI具体表现：

（1）当股价处于震荡趋势时，CCI只要在常态区保持小幅的上下波动，即可确认。如图1-8所示，山东钢铁（600022）中的H区域内，CCI大多数时候都保持在-100～+100的常态区间的小幅上下震荡，所以基本上可以确定为震荡趋势。

图1-8　山东钢铁-日线图

（2）当股价在震荡趋势中，CCI向上波动或向下波动时，允许CCI出现短时突破+100线或跌破-100线，但跌破地线或突破天线后，很快又会回升或回落到常态区。如图1-8中H区域，CCI在常态区的震荡运行中，出现了A、B、C、D区域的短时突破+100后又快速回到常态区，E、F、G区域又表现为短期跌破-100线后快速回升到常态区，应确认H区域为震荡趋势。

实战应用指南：

（1）CCI在常态区的上下波动期间，如果股价表现为小幅震荡时，往往其间的成交量始终会保持在相对较低的量能水平，在此期间，即使是CCI出现向上或向下的快速远离，也不可作为买卖的参考依据。

（2）如果CCI在常态区表现为股价的宽幅震荡时，除非特殊量价形态的CCI快速向上远离，方可确认股价已经转强。否则就应根据CCI的方向变化，以及KDJ指标的顶底形态和量价变化，判断宽幅震荡行情中高抛低吸操作时的震荡波段高低点。

（3）当CCI在常态区波动期间，判断震荡趋势时，还应结合其他指标的形态来具体研判，如MACD或MA的震荡趋势特征，这样方可准确判断出是否适合在震荡趋势中高抛低吸的小波段操作。

1.3　CCI实战应用

1.3.1　通过CCI远离角度判断趋势强弱

在利用CCI实战操作时，CCI向上或向下的远离角度，往往是判断短期行情快速转强或转弱时的一个重要特征或形态，因为股价在突然快速转强或转弱时，CCI指标同样会表现出突然的快速转强或转弱。

CCI远离角度判断股价强弱的标准：

（1）当股价快速转强时，CCI必然会形成水平大角度的向上远离，但达到股价的快速转强时，通常必须要至少保持在水平60°的向上角度时，方可形成短线的快速转强。

如图1-9所示，中远海能（600026）在B区域股价快速转强时，CCI以70°左右的大角度向上远离。

图1-9　中远海能-日线图

（2）当股价快速转弱时，CCI在绝大多数情况下，均表现为水平大角度的向下远离，但达到股价的快速转弱时，通常也必须保持在水平60°的向下角度时，才能证明股价的快速转弱。如图1-9中A区域股价快速转弱时，CCI以近80°的大角度向下远离。

实战应用指南：

（1）根据CCI向上或向下远离的角度来判断股价强弱时，原则上是水平角度越大的远离，越能证明股价的快速转强或转弱，但需要注意的是，CCI在常态区域时的远离，如果没有量能的支持，是难以持续这种强势或弱势状态的。

（2）根据CCI大角度远离判断行情的突然变化时，和其他指标的应用一样，只有得到量能突然强弱的变化，才能确认股价是否已突然转强或转弱，因为一切没有量能支持的CCI大角度远离，都只是空涨或空跌，均不会构成交易的买卖点。

（3）在实战中，运用CCI远离角度判断行情时，还与CCI当前所处的区域位置有关，所以具体的形态，还要具体分析、具体判断，不可一刀切式地应用在全景下。

1.3.2 捕捉超卖状态的反弹行情

在实战中，CCI能够通过超卖状态的具体变化和当时的形态，准确捕捉到一轮明显的反弹行情，但是在具体应用时，一定要把握好相关的具体要求进行操作，因为反弹行情往往表现为来得快，去得也快，所以，抢反弹的操作，一定要快进快出。

CCI抢反弹的具体要求：

（1）利用CCI在超卖区抢反弹时，要确保CCI在短期内二次跌破常态区，又回升到常态时，根据量价买点要求来抢反弹。

如图1-10所示，保利地产（600048）A区域内，CCI在1区域进入超卖区后，回升到常态区不久，即再次进入超卖区，其后B区域CCI大角度回升到常态区时的量价齐升，为抢反弹的最佳买入时机，其后C区域的CCI大角度跌破超卖区，则为抢反弹中的卖出时机。

图1-10 保利地产-日线图

（2）在超卖区的抢反弹操作时，还有一种情况，是CCI在超卖区形成大角度向上远离时，符合量价买点要求时，方可操作。如图1-11所示的九鼎投资（600053）A区域，当CCI快速跌入超卖区后，突然形成大角度回升到常态区的量价齐升，为抢反弹的最佳买入时机。

图1-11　九鼎投资-日线图

实战应用指南：

（1）CCI在超卖区抢反弹时，只有两种形态，所以必须确保CCI反弹形态成立期间，量价也达到较强的买点时，方可操作。

（2）在CCI超卖区抢反弹期间，不可过于期待获利幅度，不管CCI是否进入超买区，只要CCI上行中出现中止继续上行的情况，就要果断卖出股票，即使反弹变为反转，也要在其后真正形成CCI反转强势时，再买入操作。

（3）CCI超卖区的抢反弹，包括其他任何一种技术指标的抢反弹操作，都是坚持以量为先的操作，只要发现量价不再支持上涨时，即应果断卖出。因此，抢反弹的关键在于，反弹买点的强势快速介入，以及持股无法获利后快速离场。

1.3.3　寻找超买状态的加速上涨行情

寻找超买状态的加速上涨行情，是买入强势股的一种操作，是指当CCI进入超买区域时，果断在强势上涨初期买入股票的操作。因为所有的股价加速上涨行情，无一例外都发生在股价的超买状态中，所以，CCI进入超买区就成为捕捉短线牛股加速上涨行情开始的征兆。

CCI捕捉加速上涨行情的具体要求：

必须确保形成明显的均线多头排列或MACD多头上涨趋势后，CCI由常态区域向上突破天线+100，并保持持续上行的状态，同时量价也必须形成量价齐升状态时，方可具体进行买入操作。

如图1-12所示的厦门象屿（600057）中，当CCI在A区域突破天线保持大角度上行的量价齐升时，均线明显形成了多头排列，所以是上涨行情开始时的最佳买入时机。

图1-12 厦门象屿-日线图

实战应用指南：

（1）根据CCI进入超买区域操作加速上涨的牛股时，一定要确保向上突破天线+100，否则难以验证股价进入强势上涨状态。因为CCI不进入超买区域，就无法证明股价是在超买状态下的上涨，即使同样表现为强势，但并非加速上涨时的强势，只是震荡走强的情况，后市极容易回落，哪怕是长牛股处于上涨状态。

（2）根据CCI进入超买区操作加速上涨行情时，原则上CCI越是大角度的向上远离时，越能证明股价短期的强势，但必须达到量价齐升的买点要求时，才能证明这种强势特征具有可持续性。因为股价在短期处于超买状态的强势时，如果量能不符合要求，只能是短时的强势行为，后市极难持续。

1.3.4　常态状态下借助KDJ高抛低吸

当CCI保持在常态区的震荡时，应借助KDJ指标的底部回升与顶部回落形态来判断具体的震荡波段高点与低点，进行高抛低吸的操作。因为在常态区域内，CCI无论向上或是向下的状态均不会明显。

CCI常态下的KDJ高抛低吸具体要求：

（1）CCI位于−100～+100的常态区偏下的位置上行时，KDJ形成低位金叉或J线大角度上行，为波段低点，量价齐升时为买点。如图1-13所示，古越龙山（600059）在整个A区域，CCI在常态区的宽幅震荡中，B区域KDJ低位金叉的阳量上涨为低吸买入时机。

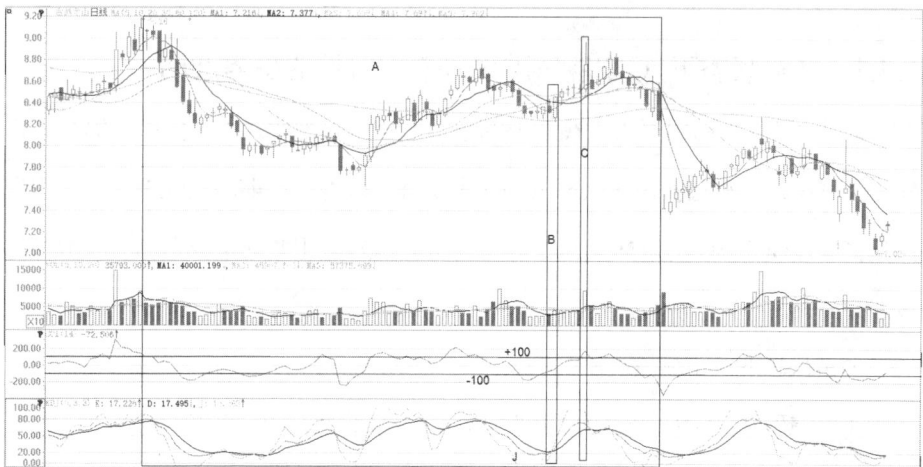

图1-13　古越龙山-日线图

（2）CCI位于−100～+100的常态区偏上位置或短时突破天线转上行时，KDJ形成高位死叉或是J线大角度下行，为波段高点，量价齐跌或缩量上涨时为卖点。如图1-13中C区域的J线大角度下行，其后的量价齐跌为高抛的卖出时机。

实战应用指南：

（1）在利用KDJ判断CCI常态状态下波段高低点的高抛低吸操作时，属于一种短线操作，所以必须结合CCI常态区域的低位转上行时KDJ快速上行的量价齐升为买点。但在卖出股票时，则应以CCI在常态区域内偏上的位置或突破天线后转下行时，KDJ快速下行的量价齐跌，或是缩量上涨为卖点。这是因为缩量上涨是股价在阶段性高点时上涨乏力的表现。

（2）如果CCI在常态区域内，利用KDJ寻找阶段性高低点的高抛低吸时，发现出现了CCI背离，应终止这种高抛低吸的操作。

（3）利用KDJ在CCI常态状态下的高抛低吸操作中，一定要在全面了解CCI操盘中量价的各种关系变化对股价的影响后再来操作，因为细微的量价变化，经常会在CCI常态区域的宽幅震荡中产生重大的影响。

1.4　CCI的优缺点

1.4.1　非常状态下，CCI能够准确判断出股价的趋势波动

非常状态，即CCI进入天线之上的超买区和进入地线之下超卖区的情况，也就是股价在超买与超卖极端状态下的非常状态。因为在此期间其他指标经常出现钝化，所以CCI更能准确捕捉到股价的细微运行方向和波动，成为捕捉股价突然转强的征兆。

非常状态下CCI的优势与特征：

（1）超买区域中，能够优于其他指标，真实反映出股价是否在持续上涨，还是已经转跌。如图1-14所示，南京高科（600064）D区域股价在严重超买状态下，E区域的KDJ出现J线持续高位钝化，F区域的CCI却表现为缓慢上行，表明涨势依旧。

（2）超卖区域内，能够优于其他指标，准确反映出股价是否在持续下跌，还是已经转强。如图1-14中A区域股价持续下跌的超卖状态下，C区域的KDJ表现为J线低位钝化，但B区域CCI却表现为下跌中转为上行的弱势转强。

图1-14　南京高科－日线图

非常状态下的操盘策略：

（1）把握CCI在超买区加速上涨行情的开始，根据其他指标的辅助印证，以及量价齐升买点的具体要求，及时捕捉股价加速上涨的开始。并通过在超买区内CCI的具体走向，以及量价齐跌卖点要求，在加速上涨行情结束时，果断获利离场。

（2）根据CCI进入超卖区的加速下跌弱势表现，进行选股和观察寻找启涨时机。同时，准确把握好CCI在超卖区的转强特征和其他指标的佐证与量价表现，及时抓住反弹时机。

1.4.2　常态区域内，CCI波动难以准确反映出股价趋势

当CCI进入－100～+100的常态区域时，也就是CCI始终在天线与地线之间运行时，由于CCI的上下波动不够明显和持续，所以很难通过CCI来判断股价的短期趋势变化。因此，在CCI常态区域运行期间，原则上不适于操作，可以保持观望，也可以根据股价的具体震荡情况，通过KDJ来高抛低吸。

常态区域CCI的劣势特征：

（1）当CCI在－100～+100运行期间，股价表现为窄幅震荡，由于其间股价的涨跌波动幅度较小，持续性差，所以应保持观望。

如图1-15所示的宇通客车（600066）中B区域，当股价表现为窄幅震荡期间，CCI一直保持在-100～+100震荡波动，其涨跌幅度并不明显，且持续性差，很难通过CCI的变化准确判断股价的涨跌变化。

图1-15　宇通客车-日线图

（2）当CCI在-100～+100运行期间，股价表现为宽幅震荡，可依据KDJ底部回升与顶部回落的情况，进行短线的高抛低吸。

如图1-16所示的众信旅游（002707）C区域内，CCI在-100～+100运行期间，表现为宽幅震荡，应主要根据KDJ指标的顶底形态来判断波段的高低点，进行高抛低吸。

图1-16　众信旅游-日线图

常态区域的操盘策略：

（1）当CCI在常态区域时，大的操盘原则是保持观望不操作，尤其是当股价表现为窄幅震荡、CCI上下波动缓慢时。

（2）只有CCI在常态区域表现为相对较大的宽幅震荡时，方可利用KDJ的底部回升与顶部回落特征，进行高抛低吸。但一定要遵守高抛低吸的交易原则，既不要过于看多股价的上涨，也不要过于看空股价的下跌，做到冷静观望，理性判断。

1.4.3　背离状态，无法准确捕捉趋势变化

一旦CCI走势与股价的运行方向出现相反的背离状态时，往往CCI的运行方向就无法准确判断出股价的趋势变化，尤其是在震荡走势的背离状态下，股价的短期趋势变化更是难以准确判断。虽然背离结束时，同样可以根据背离的具体形态判断股价的趋势反转，但在短线牛股操作中，不适合只根据CCI背离来判断买卖点。

背离状态的CCI失真表现：

（1）CCI底背离期间，无法通过一次背离判断趋势反转向上。如图1-17所示的冠城大通（600067）A区域，K线表现为持续震荡下行，CCI表现为持续震荡上行，在此期间难以根据CCI的方向判断趋势变化时的买卖时机，且CCI一次底背离后，股价并未转强。

图1-17　冠城大通-日线图

（2）CCI顶背离期间，经常出现背离式上涨，尤其是在震荡走势的顶背离上涨期间，判断顶背离结束时，CCI表现不明显，所以根据CCI顶背离判断背离是否结束时，十分困难。

如图1-18所示的佳电股份（000922）A区域，股价震荡上涨期间，CCI出现震荡走低，形成了顶背离，但顶背离后，依然表现为阳量阳线的上涨，并未即刻转跌，所以很难判断顶背离是否结束。

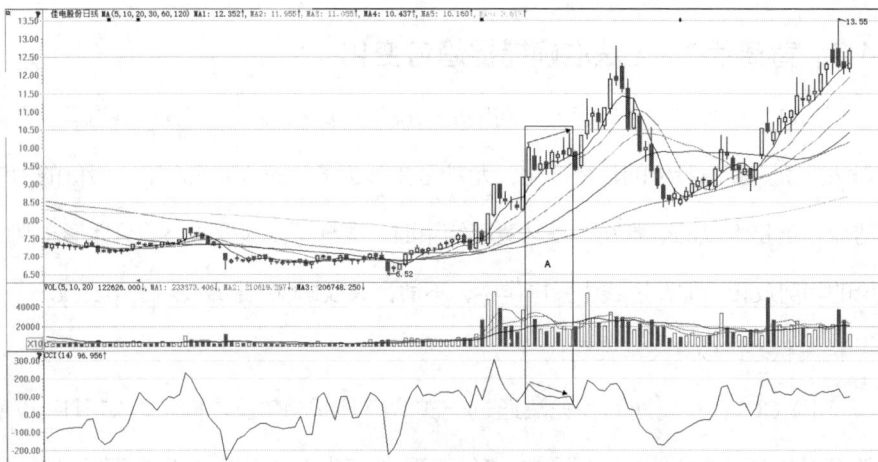

图1-18　佳电股份-日线图

背离状态的操盘策略：

（1）当CCI处于底背离期间，即使是背离时间较长，也要参考其他辅助指标来判断股价趋势是否在CCI底背离结束时真正出现转强，同时必须符合量价买点要求时，方可操作，否则就应放弃操作。

（2）当CCI顶背离期间，尤其是顶背离式上涨期间，一定要结合均线、量价卖点的要求来判断背离是否结束，特别是在CCI顶背离以CCI的震荡下行出现时，一定要结合CCI是否跌破天线，以及当时的量价形态，方可及时决定是否卖出操作。

（3）如果CCI背离状态不明显，或是表现为时间极短，或是背离状态较缓慢时，原则上放弃操作，待股价的趋势明显后再来操作。

第 2 章

辅助指标：印证CCI强弱的辅助判断指标

在利用CCI指标捕捉牛股的买卖信号时，一定要通过其他技术指标的形态来辅助判断趋势的强弱，如MACD、MA、KDJ和量价，以进一步印证牛股趋势转强或转弱的程度，是否达到真正转强与转弱。因此，在CCI操盘中，辅助指标的判断同样重要。

2.1 MACD对CCI买卖信号的辅助判断

2.1.1 MACD构成及主要特点

MACD为异同移动平均线，由双指数移动平均线发展而来，主要由快线DIFF线与慢线DEA线构成，合称双线；另外还有量能柱，分为代表多方动能的红色量能柱，简称红柱，代表空方动能的绿色量能柱，简称绿柱；以及红柱与绿柱之间的0轴，为一条多空分界线。

MACD主要特点：

（1）双线运行能够准确地反映出股价运行的方向，且MACD双线运行中能够准确地反映出股价的波段高低点，双线的高低点成为中长线波段操作中的波段高低点。

如图2-1所示，浙江润富（600070）周线图上，可以清楚地看到MACD红柱、绿柱和快线DIFF、慢线DEA，以及之间的0轴，在A区域MACD双线于低位区回升时，股价由弱势逐渐转强，波段运行的低点出现。经过其后的震荡上行，当进入B区域，MACD双线又明显运行到高位区，出现震荡转跌，股价也形成高点后的回落，MACD双线运行与股价的波段上涨趋势的开始与结束十分明显，能够很好地通过MACD判断股价上涨波段的高低点。

图2-1 浙江润富-周线图

（2）MACD双线的聚合与远离，同样表明行情的渐缓与趋势加大。当双线聚合时，MACD柱会出现缩短，意味着之前趋势的渐缓；当双线远离时，双线间距明显加大，向上远离意味着快速上涨，向下远离则意味着下跌趋势的加速。如图2-2所示的上海梅林（600073）中的A区域，MACD双线出现向上的远离，表明上涨趋势出现持续加强，但B区域双线出现向下远离时，下跌趋势得到加强。但在图2-1中的A区域出现双线低位的聚合，表明跌势出现渐缓；B区域双线在高位的聚合，又表明上涨趋势出现渐缓。

图2-2　上海梅林-周线图

（3）MACD柱会随着双线的聚合而变化。双线聚合时，若红柱持续变短为股价上涨的渐缓，若绿柱持续变短时意味着股价下跌的渐缓；双线远离时，向上远离时红柱会出现持续变长，为加速上涨的表现，向下远离时绿柱会出现持续变长，为加速下跌的表现。

如图2-3所示的宋都股份（600077），A区域双线向上远离时，红柱出现持续变长，表明行情为持续上涨；B区域双线持续聚合期间，红柱持续变短，表明上涨行情出现渐缓；C区域双线向下远离期间，绿柱持续变长，表明下跌的持续；D区域双线低位聚合期间，绿柱持续变短，表明下跌行情趋缓。

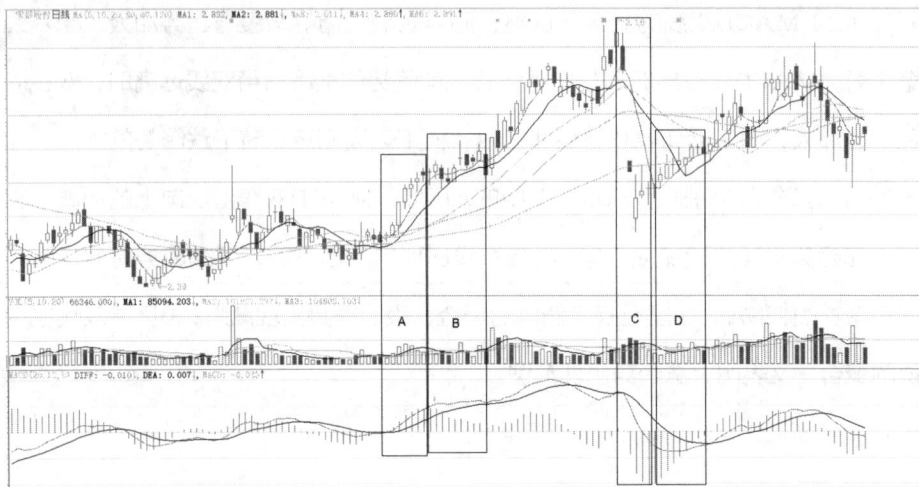

图2-3　宋都股份-日线图

实战应用指南：

（1）MACD显示在K线图下方的技术指标显示区域，调取时只需将鼠标对准指标显示区域，输入英文字母MACD，技术指标区域即会出现MACD的情况。

（2）MACD的显示区域始终保持在0～100之内，与CCI一样能够判断出股价的超买与超卖状态，当MACD运行到10%～20%区间时为超卖，运行到80%～100%区间时为超买，但在判断超买与超卖时，MACD存在钝化现象，不如CCI准确和详细，所以，多数时候是通过MACD双线的形态变化来判断趋势。

（3）在使用MACD指标时，只要根据炒股软件中默认的参数进行判断趋势即可，无须进行参数的修改，只有在完全了解MACD后，方可根据其表现出的特点，根据实战需求，进行参数的修改。

2.1.2　CCI买入信号的MACD辅助判断

在利用CCI操盘时，一旦形成CCI底部回升的买入信号时，如果利用MACD

进行辅助判断，主要观察MACD是否形成指标向上的助涨形态，所以必须能够有效识别出MACD的助涨形态。

MACD助涨形态的具体表现：

（1）双线持续向上运行，或出现向上分离。如图2-4所示，崇达技术（002815）中D区域形成CCI大角度突破常态区的买入信号时，C区域MACD双线明显向上远离，所以可确认CCI买入信号，同时A区域股价持续上涨，B区域形成阳量持续放大，应及时买入股票。

图2-4　崇达技术-日线图

（2）MACD多头趋势，是指MACD双线向上突破0轴后，呈持续向上运行的状态，或双线在0轴之上恢复上行的状态。

如图2-5所示，人福医药（600079）A区域股价在上涨的同时，C区域CCI大角度向上远离的买入信号形成时，B区域MACD双线为调整到0轴附近突破0轴后的快速向上分离，为恢复多头上涨趋势的助涨形态，同时出现量价齐升，应及时买入股票。

图2-5　人福医药-日线图

实战应用指南：

（1）在利用MACD进行CCI买入形态的辅助判断时，由于只是辅助判断，所以MACD必须确保不发生背离的情况下，也就是MACD与股价同步向上时，才具有辅助判断的参考意义。

（2）如果CCI形成买入形态，但MACD指标表现为背离状态时，通常为底背离，此时应放弃MACD的辅助判断，改用其他指标来判断。因为这种情况表明MACD可能处于失真状态，无法真实反映出股价的趋势。

（3）如果CCI形成买入形态期间，MACD表现为DIFF线沿区间下沿平行的状态时，表明MACD出现DIFF线的低位钝化，即使是DIFF线出现钝化后的明显向上运行时，依然无法准确印证为助涨形态，尤其是在利用CCI抢反弹操作时，这种情况最容易出现。

2.1.3　CCI卖出信号的MACD辅助判断

在利用MACD辅助判断CCI卖出信号时，通常主要观察MACD是否形成助跌形态，一旦形成，就说明多指标已经形成向下运行的共振，尤其是在量价卖点不明显时，就会作为确认CCI卖出信号成立的重要依据。

MACD助跌形态的具体表现：

（1）双线在高位区的DIFF线明显向下运行，双线在高位区的向下运行，或是DIFF线在DEA线下方的向下远离DEA线。

如图2-6所示，江苏吴中（600200）D区域出现CCI顶背离状态下的跌破超买区时，DIFF线明显为高位的快速下行，符合助跌要求，同时表现为量价齐跌，应果断卖出股票。

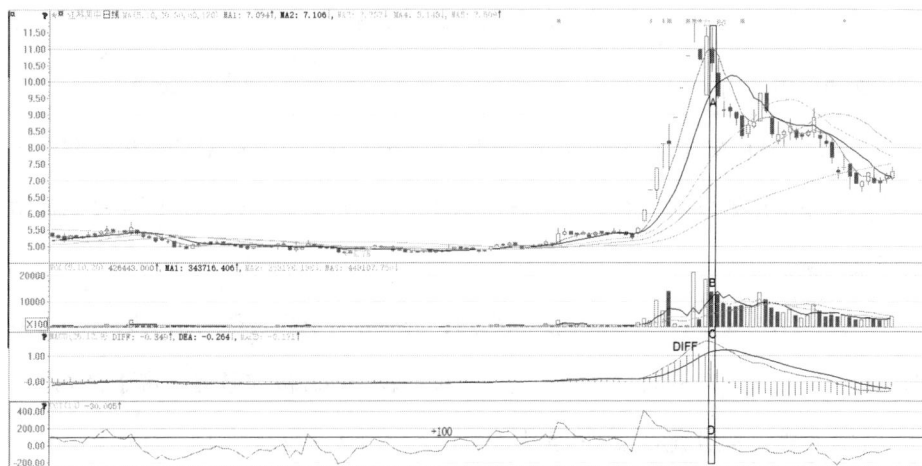

图2-6　江苏吴中-日线图

（2）MACD高位震荡趋势，即MACD双线在顶部高位区形成相距较近状态的水平小幅震荡，或是形成DIFF线沿区间上沿的高位钝化。

如图2-7所示，福莱特（601865）E区域形成K线上行、CCI震荡下行的顶背离，B区域CCI跌破超买区，DIFF线表现为沿区间上沿平行的高位钝化，符合转跌时的技术助跌形态要求，同时表现为量价齐跌，应果断卖出股票。

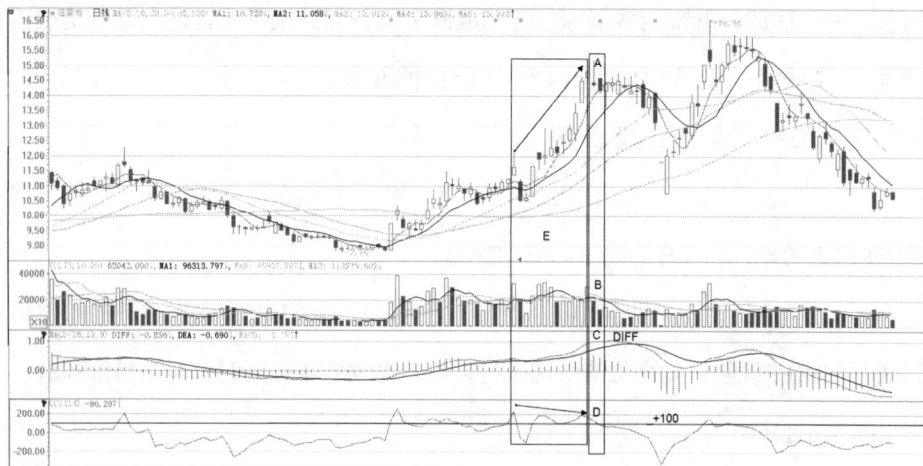

图2-7 福莱特-日线图

实战应用指南：

（1）在利用MACD进行CCI卖出形态的辅助判断时，MACD必须是在不背离的情况下形成的助跌状态，方可确认CCI卖出信号成立，否则，应换其他辅助指标来判断。

（2）当MACD表现为高位震荡期间，通常CCI也会表现为超买区域的水平震荡盘整，在大多数的时候，这种情况下股价表现为高位放量震荡滞涨的形态，所以只需根据这种量价形态判断卖点即可，无须过多在意MACD的情况。

（3）MACD在CCI卖出形态期间的辅助判断，只是一种参考，就像CCI卖出信号一样，往往是次要的，因为在卖股时，应主要结合CCI的走弱状态，以及明显的量价卖点来确认，而其他指标往往会出现高位钝化失真，如MACD中DIFF线沿区间上沿平行的DIFF线高位钝化，此时无法准确反映出股价的趋势。

2.2 MA对CCI买卖信号的辅助判断

2.2.1 MA构成及主要特点

MA是移动平均线的英文简称，中文简称为均线，是指在一定时期内股价收盘价的平均值，如10日均线为10个交易日内的收盘价相加后再除以10而得出的数值。在炒股软件中，系统会默认显示为5条均线：5日均线、10日均线、20日均线、30日均线、60日均线，在炒股软件中经常显示为MA5、MA10、MA20、MA30、MA60等。

MA主要特点：

（1）由于均线为收盘价的平均值，而股价趋势一旦形成后，表现为这种趋势的持续性和惯性，所以当多条均线显示为明显的方向时，股价的短期趋势会延续这种趋势的持续运行。

如图2-8所示，国光电器（002045）A区域形成均线多头排列的上涨趋势后，很长一段时间均保持这种上涨趋势，这就是上涨趋势的延续。而E区域均线空头排列形成后，下跌趋势同样出现持续。

图2-8　国光电器-日线图

（2）因为趋势运行有着一定的持续性，均线趋势一旦形成，在判断股价的低位支撑与高位压力时提供了可靠的依据，能够通过均线与股价的情况，准确判断出均线对股价的支撑或压力。

如图2-8中的C区域，当股价在上涨趋势出现短期调整时，C区域与D区域一且向下出现跌至B区域高点位置附近时，即得到B区域的支撑，转为恢复上涨。这就是股价上涨中遇到压力后获得前期高点支撑的特征体现。

实战应用指南：

（1）在CCI操盘中，炒股软件中的5条均线已经完全够用，无须增添其他周期的均线，只要通过炒股软件中的5条均线显示的情况来辅助判断行情即可。

（2）均线是显示在K线图K线周围的曲线，但如果是在以大智慧为代表的炒股软件中，投资者手动删除K线周围的均线后，也可以通过对下方指标区域的其他指标，改为均线，这时只要单击其他指标，输入MA即可。但在大多数情况下，无须如此操作，因为均线显示在K线周围，更有利于准确判断出行情。

（3）如果投资者观察的非日线图，如30分钟图或周线图时，则5日均线会变为这一周期图的5根均线的收盘价平均值，如周线图上的5日均线为5周均线。

2.2.2　CCI买入信号的MA辅助判断

在利用CCI短线操盘时，一旦形成CCI底部回升的买入信号时，如果利用MA进行辅助判断，主要观察MA是否形成指标向上运行的助涨形态，所以必须能够有效识别出MA的助涨形态。

MA助涨形态的具体表现：

（1）短期均线大角度向上运行，主要是指5日均线与10日均线，多数表现为5日均线快速上行中，10日均线表现为平行或上行。

如图2-9所示的国金证券（600109）在A区域，CCI形成大角度向上突破天线进入常态区的买入信号时，5日均线与10日均线也表现为由下行转为快速上行，说明CCI买入信号得到MA的助涨，同时又表现出量价齐升，应果断买入股票。

图2-9 国金证券-日线图

（2）均线金叉。通常表现为5日均线与10日均线的金叉，趋势反转时也会表现为5日均线同时与其他多周期均线的金叉。

如图2-10所示，诺德股份（600110）在A区域和B区域，当出现CCI大角度向上突破天线进入超买区域的买入信号时，表现为5日均线与10日均线的金叉，其后与多条均线形成金叉，同时表现为量价齐升，说明为弱势转上涨趋势的买点，应及时买入股票。

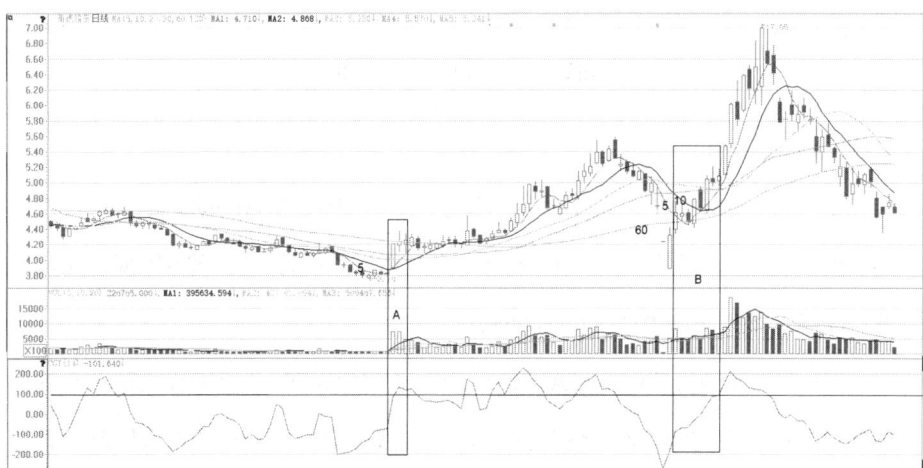

图2-10 诺德股份-日线图

（3）均线多头排列，是指短期均线在长期均线之上向上发散运行的状态，即5日均线、10日均线、20日均线、30日均线、60日均线由上至下依次排列，各均线向上发散的状态。但在这种均线的多头排列中，包括短期均线短时下行后恢复多头排列的情况。

如图2-11所示，东睦股份（600114）在A区域和B区域形成CCI大角度向上远离的买入信号时，A区域为短期均线在长期均线之上向上发散的多头排列，而B区域则表现为短期均线下行中转上行的恢复多头排列，所以均为助涨形态。同时表现为量价齐升，应及时买入股票。

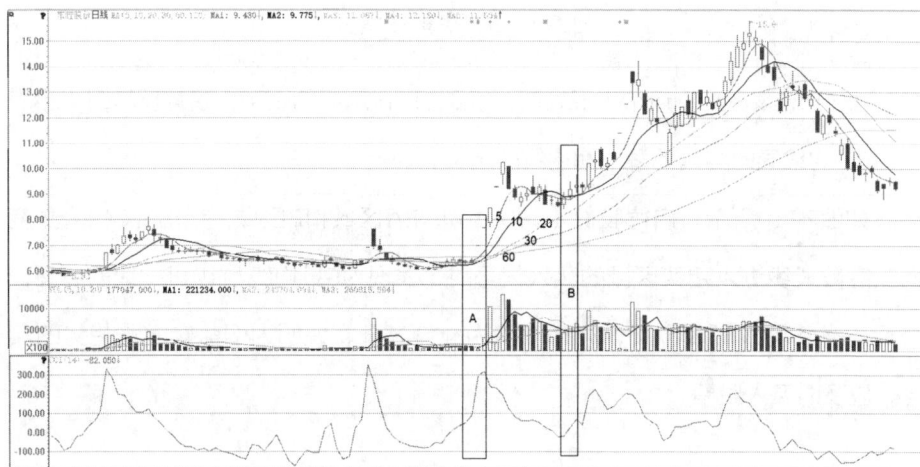

图2-11 东睦股份-日线图

实战应用指南：

（1）在利用MA对CCI底部回升买入形态确认时，MA的助涨主要表现为短期均线的变化，如5日均线与10日均线，但其他均线的形态也不容忽视，尤其要留意均线多头排列与恢复多头排列的形态。

（2）在抢反弹行情中，MA的助涨形态多数会表现为5日均线由跌转涨的大角度向上运行，只有股价涨势缓慢时，10日均线才会在量价买点形成期间也转为上行，或是出现5日均线与10日均线向上交叉的均线金叉。

（3）如果是长期弱势震荡的反弹变为反转时，反弹特征可能会表现的不明显，但反转特征却会很明显，尤其是均线多头排列初期的形态。在绝大多数情况下，MA会形成5条均线向上发散的排列，但有时60日均线会表现为平行或略下行，只有其他均线呈向上发散的状态，这时5日均线会出现快速向上与多条均线形成均线金叉。

（4）上涨调整行情结束时的均线形态，表现为长期均线向上的态势不变，只有短期均线出现短时下行的调整后，一旦恢复上行时，就是明显的MA恢复多头排列的助涨形态。

2.2.3　CCI卖出信号的MA辅助判断

当CCI形成明显的超买区高位转跌的卖出信号时，MA的助跌判断表现为短期均线的变化，但如果是股价短期转弱时的跌势转强时，MA的反应不一定明显，所以根据CCI卖出信号卖出股票时，MA的助跌判断不是主要的，但只要形成明显的助跌状态时，就一定要确认CCI卖出信号，根据量价卖点及时卖出股票。

MA助跌形态的具体表现：

（1）当CCI形成卖出信号时，MA表现为5日均线上行的角度渐缓，甚至是5日均线的大角度向上运行的变化不明显，这是股价快速转跌时的迟钝，此时应主要结合量价卖点确认。

如图2-12所示的三峡水利（600116），CCI在A区域顶背离状态下，B区域出现大角度跌破超买区域形成卖出信号时，5日均线仅表现为上行略缓，转跌不明显，但形成明显量价齐跌，应果断卖出股票。

图2-12　三峡水利-日线图

（2）如果股价短时转跌不强烈时，5日均线会变为平行或下行，只要形成量价齐跌的卖点时，即应确认为卖点。

如图2-13所示，乐凯胶片（600135）A区域表现为CCI震荡下行、K线震荡上行的顶背离，其后的B区域CCI顶背离结束形成小幅震荡，跌破超买区时，5日均线明显出现下行，同时量价齐跌明显，应果断卖出股票。

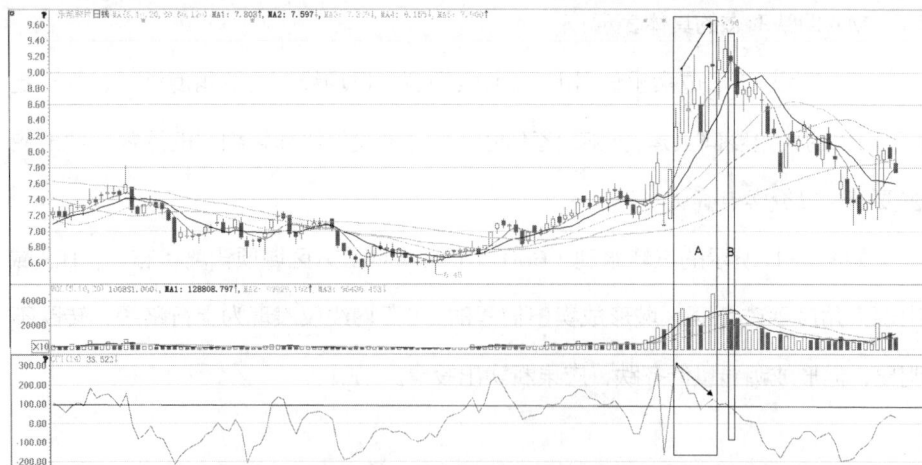

图2-13　乐凯胶片-日线图

实战应用指南：

（1）在利用MA辅助判断CCI卖出信号时，MA的短期均线变化并不是重要的，尤其是在股价快速转跌时，5日均线经常因为统计周期过长，来不及反应和变化，所以，在CCI不背离的情况下，在超买区高位转跌形成时的量价齐跌，才是最为关键的卖点判断。

（2）如果股价高位转跌的信号不明显，也就是转跌行为缓慢时，往往会出现短期均线转下行，甚至是形成5日均线与10日均线交叉的均线死叉。这种形态经常出现在一些盘子略大的股票转跌时。所以，当形成趋势转弱的CCI卖出信号时，同样不应忽略对短期均线的观察和助跌判断。

（3）在利用CCI短线操盘时，CCI在上涨趋势下形成的卖出信号，不管是阶段性高点，还是转势时的顶部高点，CCI转跌的卖出信号出现时，均线均不会形成明显的空头排列，哪怕是大盘股，在短线操作中，趋势完全转跌时是最后的逃命点，空头排列只适用于中长线投资时的清仓操作。

2.3　KDJ对CCI买卖信号的辅助判断

2.3.1　KDJ构成及主要特点

KDJ又称顺势指标，英文简称KDJ，是根据一个通常为9日、9周的特定周期内出现过的最高价和最低价及最后一个计算周期的收盘价，这三者之间的比例关系，计算出最后一个计算周期的未成熟随机值RSV，然后再根据平滑移动平均线的方法计算出K值、D值与J值，其计算方法相对复杂，投资者只要明白KDJ是由K线、D线和J线三根线组成的即可，其中50线为多空分界线，类似于MACD中的0轴。

KDJ主要特点：

（1）K线与D线的数值永远在0～100。D值大于80时，行情呈超买现象；D值小于20时，行情呈超卖现象。所以，KDJ也属于超买超卖类指标的一种。

如图2-14所示，东湖高新（600133）下方指标显示区域，为0～100区域，A区域为20以下的超卖区，B区域为80以上的超买区。D线在F区域进入超买区，说明股价处于超买状态；E区域D线进入超卖区，说明股价处于超卖状态。

图2-14 东湖高新-日线图

（2）KDJ能够通过三线的运行方向确认股价的或涨或跌，尤其是J线更能及时反映出股价的短期趋势变化。如图2-14中的D区域，J线快速上行，股价也出现快速上涨，C区域J线出现快速下行，股价出现快速下跌。

实战应用指南：

（1）KDJ与MACD一样，显示在炒股软件中下方的技术指标显示区域，调取时只要用鼠标选中技术指标区域，输入英文字母KDJ，对应的技术指标区域显示出KDJ指标的情况，中间的中分线即是50线。

（2）KDJ指标的钝化现象，主要反映在快速移动的J线上，当J线沿指标区域上沿平行时为高位钝化，当J线沿指标区域下沿平行时为低位钝化。但在根据KDJ判断行情时，J线的这种钝化不能直接用来判断行情。

（3）KDJ在CCI操盘中的辅助判断，主要应用于CCI在常态区表现为宽幅震荡时，但在非常态区域时的KDJ顶部回落与底部回升也可用于辅助判断，只是由于KDJ指标的变化过于灵敏，所以，应尽量选用其他指标来辅助判断。

2.3.2　CCI常态下买卖信号的KDJ辅助判断

在利用KDJ进行对CCI买入形态的辅助判断时，主要是CCI在常态区买卖信号的辅助判断，也就是CCI保持在−100～+100的常态区域，表现为宽幅震荡时，KDJ的变化往往更能准确地捕捉到股价小波段运行的高低点，所以是CCI常态下高抛低吸时判断买卖时机的主要技术指标。

高抛低吸时的KDJ具体表现：

（1）低吸。就是股价在震荡运行到波段低点时，CCI向下运行到地线附近时，KDJ表现为J线的快速向上运行，J线变化之初的量价齐升，就会成为低吸的买入时机。

如图2-15所示，浪莎股份（600137）在A区域，CCI始终在常态区域震荡期间，B区域CCI在接近−100线时出现回升，KDJ表现为低位J线大角度上行金叉，同时量价齐升，为低吸时机。

图2-15　浪莎股份-日线图

（2）高抛。就是股价在震荡运行到波段高点时，CCI向上运行到接近天线时，KDJ表现为J线的快速向下运行，J线变化之初的量价齐跌，就会成为高抛的卖出时机。如图2-15中的C区域，虽然保持阳量上涨，但J线表现为大角度下行，所以当日大幅冲高后的量价齐跌，成为高抛时机。

实战应用指南：

（1）在利用KDJ进行高抛低吸的操作时，必须确保CCI是处于−100～+100的宽幅震荡状态时，KDJ低位买入信号和高位卖出信号才具有判断买卖信号的实战参考意义。在CCI非常态下，KDJ表现为波动过快，根据KDJ辅助判断时不够准确，应尽量避免KDJ指标的辅助判断。

（2）当CCI处于−100～+100表现为宽幅震荡期间，判断低吸买点信号时，J线出现快速回升时，CCI已运行到地线附近，允许CCI出现短时快速跌破地线的出现，但必须确保在地线下方不远处的位置即出现回升。

（3）当CCI处于−100～+100表现为宽幅震荡期间，判断高抛卖点信号时，J线出现快速回落时，CCI已运行到天线附近，允许CCI出现短时快速突破天线，但必须确保在天线上方不远处的位置即出现快速回落。

（4）利用KDJ在判断CCI常态下的高抛低吸时，应认真观察量价的变化，及时做到快进快出，不可期望过高。对于那些对短线不敏感的投资者，完全可以放弃这种极短波段的高抛低吸操作。

2.4 量价对买卖点信号强弱的重要判断

2.4.1 量价构成及主要特点

量价，主要是指K线图的K线和下方成交量区域的成交量柱。因为股价在趋势快速变化初期，均表现为股价在下跌过程中突然出现成交量的变化，才能构成强势反转的买卖信号，所以，量价分析是对股价构成买卖点时的一个重要判断。

量价主要特点：

（1）量为成交量，表现为竖立的一根根量柱，分为绿色的阴量柱和红色的阳量柱。阴量柱简称阴量，代表在这一时间内的卖出量大于买入量，是股价下跌时量能大小的反映，量柱越长说明卖出量越大，越短则意味着卖出量也较小；阳量柱简称阳量，代表这一段时间内的买入量大于卖出量，是股价上涨时量能大小的反映，越长说明买入量越大，越短意味着买入量越小。

如图2-16所示，西部资源（600139）A区域表现为持续变长的阳量，说明股价的上涨不断得到了资金的持续买入，B区域表现为持续变短的阴量，说明股价的持续下跌，卖出股票的投资者在持续减少。

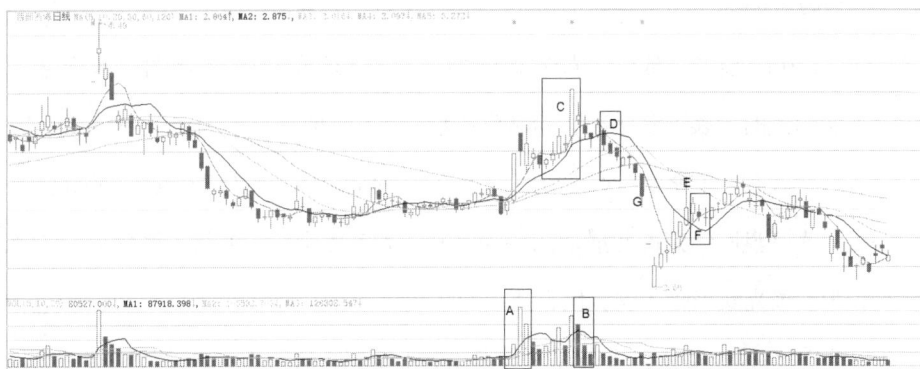

图2-16　西部资源-日线图

（2）价为股价，表现为K线图上竖立的一根根K线，分为红色的阳线和绿色的阴线。阳线时，代表股价上涨，实体包括影线越长时越能说明盘中波动幅度较大，越短时代表盘中波动越小。阴线代表股价的下跌，实体包括影线越长时，表明盘中波动幅度越大，越短时表明盘中波动越小。

如图2-16中C区域为先短后长的阳线，代表股价的持续上涨；D区域为持续阴线，代表股价持续下跌；E区域为具有上影线的阳线，代表盘中的冲高回落，G区域为较长阴线，代表盘中股价开盘与收盘的价差大；F区域为具有影线、实体较短的阴线和十字量，代表股价盘中处于震荡状态，波动较小。

实战应用指南：

（1）成交量的阴量与阳量，或是K线的阴线与阳线，区分十分容易，只要观察其颜色即可确认。红色的柱代表阳，绿色的柱代表阴。

（2）在观察K线时，阳线实体最上方代表收盘价，存在上影线时，说明盘中出现短时的冲高回落，所以上影线较长时，说明盘中出现大幅的冲高回落；阳线实体最下方代表开盘价，存在下影线时，说明盘中出现短时的探底回升，所以下影线越长时，越说明盘中出现大幅的探底回升。

（3）阴线实体最上方刚好与阳线相反，为开盘价，上影线同样代表盘中股价的快速冲高回落，下影线存在时也同样代表股价的快速探底回升，但阴线实体最下方为收盘价。

（4）在阴线或阳线中，如实体上方不存在影线，光头阴线时代表上涨无望，光头阳线时代表上涨坚决，若涨停则称为涨停阳线；如实体下方无影线，光脚阳线时代表回升的坚决，光脚阴线代表下跌的坚决，若跌停时为跌停阴线。光脚阳线代表开盘即结束探底成功的快速回升；如实体上、下方均无影线时，为光头光脚阳线或光头光脚阴线，代表涨跌的坚决。

（5）如K线无实体，可表现为有影线的十字星，代表盘中分歧和维持开盘价的震荡整理；如为T形线或倒T形线时，T形线代表盘中快速回落后恢复原有的强势，倒T形线则说明盘中快速冲高后恢复原有的弱势；当表现为一字涨跌停时，则代表开盘即涨跌停，并维持到收盘，更能说明股价开盘即强势。

（6）在利用K线判断股价的涨跌时，无论表现为阴线还是阳线，只要通过开盘价和收盘价与之前的K线收盘价对比，就可以一眼看出股价的上涨或下跌状态，如开盘价高时表明高开，收盘价又高时则说明强势特征明显；若开盘价高收盘价低时说明股价处于回落状态，若开盘价低又低收时，说明股价为弱势转弱的情况；若是开盘价低又高收时，说明股价处于弱势转强。

2.4.2　量价对CCI底部回升信号强弱的判断

当CCI出现底部回升信号的转强特征时，如果构成买点，则量价通常表现为明显的量价齐升，否则就表明CCI的底部回升信号不明显，只是盘中股价底部震荡回升的表现。因此，当CCI出现底部回升信号的买入形态时，量价强弱的判断是至关重要的，直接关系到是否形成买点。

CCI底部回升信号的量价强弱表现：

（1）强势的量价信号。就是量价形态表现为明显的量价齐升时，这种明显的量价齐升可以表现为单根阳柱的明显较长，以及持续相对较长的阳量柱，或持续更长时间的较小阳量柱，K线表现为明显的上升阳线。

如图2-17所示的金发科技（600143），B区域CCI形成大角度突破天线的底部回升信号时，5日均线转快速上行、恢复多头排列，量价表现为持续大量状态的量价齐升，属于强势的买点量价信号。

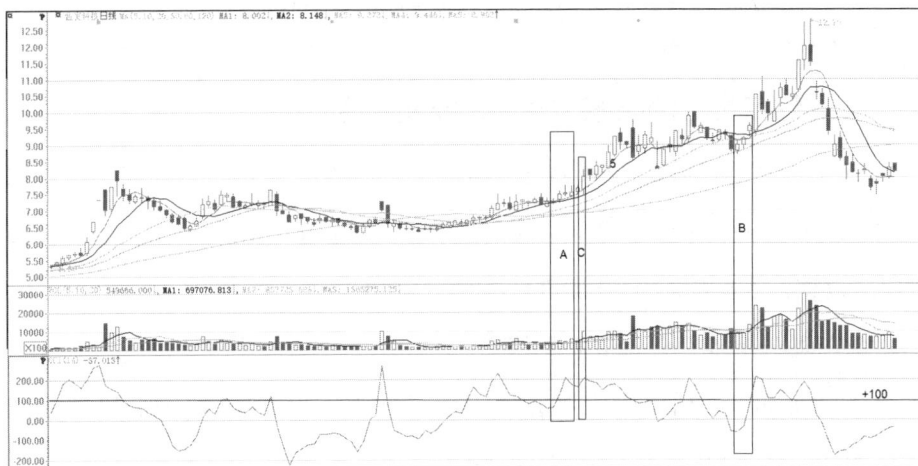

图2-17　金发科技-日线图

（2）弱势的量价信号，是指所有的未达到强势量价齐升的信号时，如阳量放大不明显，或是股价上涨不明显的实体较短的小阳线，甚至是十字星。

如图2-17中A区域CCI出现大角度向上突破天线时，量能却表现为小阳量温和上涨，虽然同样为均线恢复多头排列的上涨趋势，但量价表现并不明显，所以，属于弱势的量价信号。短线操盘时不应买入，应在C区域明显放量上涨时再买入。

实战应用指南：

（1）在通过量价判断CCI底部回升信号的强势前，不仅CCI要形成明显的底部回升信号，同时也必须确保其他辅助指标中至少有一个指标形成助涨形态时，强势的量价齐升信号才能构成买点的信号。

（2）如果在CCI底部回升信号与其他指标也形成助涨形态期间，只要量价齐升的信号不明显，不管是成交量的放大不明显，还是K线的上涨不明显时，均不可贸然确认为买入信号而买入股票。

（3）根据量价判断CCI底部回升强弱时，一定要注意阳量格外放大的巨量或天量阳量的股价上涨，这种情况属于放量的过头行为，只有巨量或天量上涨中，能够保持大量状态的股价持续上涨时，方可构成买点信号。

2.4.3　量价对CCI顶部转跌信号强弱的判断

当CCI出现顶部转跌信号时，量价的强弱表现才是判断股价是否真正出现快速转弱的关键。但由于在CCI背离状态与常态下，量价也会有不同的表现，一定要认真观察，才能准确判断出股价是否提示了卖出信号。

CCI顶部转跌信号的量价强弱表现：

（1）量价卖出信号强时，通常表现为量价齐跌，如单根阴线阴量的明显或格外放量下跌，以及两根或多根阴线阴量的持续放量下跌。

如图2-18所示，盾安环境（002011）中A区域出现CCI高位大角度向下远离时，量价表现为巨量阴量的格外放量下跌，为卖点强的量价齐跌，应果断卖出股票。

图2-18　盾安环境-日线图

（2）CCI顶背离时，只要CCI与股价同为下跌期间，CCI跌破天线，出现阴线阴量下跌，即可确认为CCI顶部转跌的卖点信号。

如图2-19所示，航天机电（600151）中A区域股价震荡上行中，CCI形成震荡走低，其后的B区域K线与CCI同步向下时，表现为放大不明显的阴量阴线下跌，同时CCI出现大角度向下跌破天线，所以可确认为顶部转跌的信号，应果断卖出股票。

图2-19　航天机电-日线图

（3）放量滞涨虽然不是量价齐跌的特征，但在绝大多数情况下，是股价即将转跌前构筑顶部的量价卖出信号。

如图2-20所示，建发股份（600153）中的A区域，CCI大角度向下跌破天线时，K线形成高位震荡滞涨，量能保持在大量水平，为放量滞涨形态，虽然看似未转跌，也应及时逢高卖出股票。

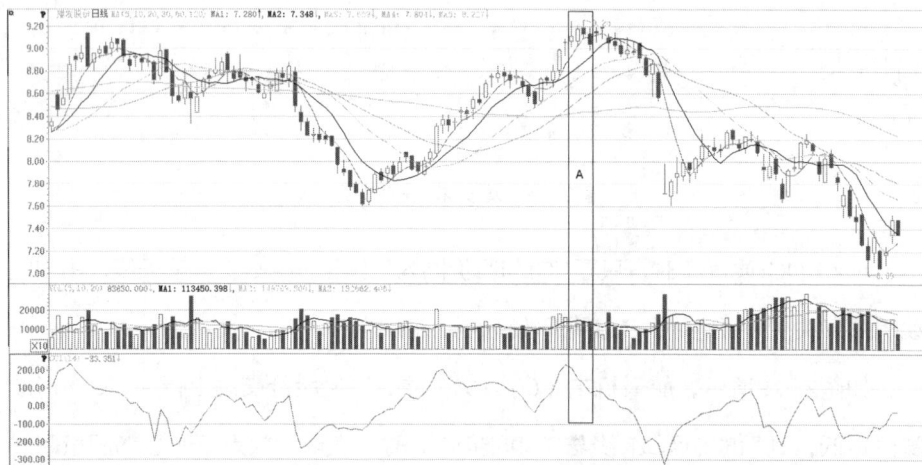

图2-20　建发股份-日线图

实战应用指南：

（1）在根据量价判断CCI顶部转跌信号是否成立时，量价的形态相对复杂一些，但有一个原则需要掌握，就是不管CCI是否形成明显的顶部转跌形态，甚至是否发生CCI顶背离，只要表现为量价齐跌的强势信号时，应果断卖出股票。

（2）如果发生CCI顶背离时，往往CCI高位的顶部转跌信号不明显，所以，只要量价表现为CCI跌破天线的阴量下跌，即应视为卖点信号。

（3）CCI在非顶背离状态的顶部转跌信号时，放量滞涨是一种最为不明显的卖点信号，因为在此期间量价转跌信号不明显，CCI高位转跌的信号可能也不明显，所以，这种情况出现时，只要根据放量滞涨的量价形态，即可果断逢高卖出股票。

第 3 章

选股信号：交易股票前的目标股信号

在利用CCI操作牛股时，一定不能忽略选股这一环节，因为选股不仅能够筛选出目标股，为日后寻找牛股时缩小范围，准确捕捉到启涨牛股，同时也能通过选股的环节，规避掉许多潜在的投资风险。

3.1 选股策略

3.1.1 以日线图为主去选股

在根据CCI操盘时，由于属于短线的小波段操作，寻找牛股启动后的一个加速上涨的小波段，所以在选股前，一定要确认周期图，这样才不会盲目，按照这一周期图去选股并操作。因此，根据股价在各周期图上的趋势变化和具体表现，我们定为以日线图为主去选股的策略。

选择日线图选股的原因：

由于日线图上的一根K线代表一个完整交易日内的股价变化，而A股市场的交易制度又采用T+1的交易制度，加上日线图能够很好地提示出股价中期波段的运行，所以，在捕捉股价上涨趋势快速启动或是上涨趋势加速上涨启动时，更适合CCI短线操作的周期，因为周期图过短或过长时，对于CCI操作周期来说，要么过短，难以完整地操作整个加速上涨的小波段；要么过长，趋势变化不明显，难以准确把握好买卖时机。因此，选股时应以日线图为主去选择目标股，便于日后的操作。

如图3-1所示，东方盛虹（000301）在A区域，CCI大角度突破常态区期间形成短期均线向上的量价齐升，当日收盘或次日开盘，即可买入。在B区域出现CCI跌破超买区的高位滞涨时即卖出。在此期间仅仅相隔了三个交易日，操作起来加上买入判断与卖出判断，也不过最多五个交易日，很适合短线操作。因此，应根据日线图上A区域之前的短期持续弱势来选股和操作。

图3-1 东方盛虹-日线图

实战应用指南：

（1）根据CCI操盘时，并不是只有日线图才能具体操作，而是日线图更有利于CCI操作牛股。这也就意味着，如果投资者更习惯于30分钟图或60分钟图的操作，甚至是周线图的操作，同样可以按照这一周期图去选股。

（2）根据日线图或是投资者习惯操作的不同周期图选股后，一定要注意，选股时定准的周期图，操作时也一定要按照这一周期图来操作，也就是判断买卖形态时，必须按照选股时的周期图上CCI表现出的买卖信号来确认，但在具体买入或卖出股票时，可结合分时走势图或1分钟图的强烈变化来决定买入或卖出的时机。

（3）即使投资者习惯于其他周期的观察与操作，但根据CCI操作选股时，也不应选择那些周期过短的周期图，如1分钟图或15分钟图。这类周期图周期过短，根本难以根据趋势变化做出操作反应。

3.1.2 基本面+技术面去选股

投资者在选择好口线图为选股和操作的主要K线图后，选股操作一定要根据这只股票技术面上的具体走势，并结合在基本面的情况来选股，因为只有技术面与基本面均符合选股要求后，后市出现快速上涨的概率才更高。

基本面+技术面选股的具体策略：

在基本面+技术面的选股策略下，应以股票的技术面走势为主来选股，因为所有基本面的变化，只要对技术面进行深入观察，都可以找到基本面对股价走势的影响。因此，基本面只是一个参考，但也不能忽视基本面的辅助作用，因为具有良好基本面的股票，同等条件下更有利于技术面形成股价的快速上涨。

如图3-2所示，福晶科技（002222）在A区域出现长期弱势震荡或B区域出现短期持续快速下跌期间，均符合技术面选股要求，这时即可观察其基本面。

图3-2　福晶科技-日线图

如图3-3所示，这只股票持续三年的每股净资产收益率均在10%以上，且近两年出现大幅提升，所以为绩优股。而观察其A股流通股数量发现，只有4.28亿股，符合小盘股的要求，可将其列为目标股。这种选股方法，就是基本面+技术面的选股策略和方法。

福晶科技 002222

净利润(元)	2018	2017	2016	2015	2014	2013
净利润同比增长率	10.12%	94.21%	97.71%	331.66%	-139.14%	-3.62%
扣非净利润(元)	1.47亿	1.32亿	6818.34万	3808.91万	-1825.69万	3544.03万
扣非净利润同比增长率	11.20%	94.12%	79.01%	308.63%	-151.51%	-8.37%
营业总收入(元)	4.91亿	4.54亿	3.08亿	2.11亿	2.02亿	1.78亿
营业总收入同比增长率	8.29%	47.23%	46.36%	4.23%	13.46%	-2.48%
每股指标						
基本每股收益(元)	0.3518	0.3195	0.1645	0.1248	-0.0539	0.1377
每股净资产(元)	2.05	1.80	1.58	2.18	2.05	2.21
每股资本公积金(元)	0.16	0.16	0.16	0.73	0.73	0.73
每股未分配利润(元)	0.71	0.50	0.31	0.29	0.17	0.33
每股经营现金流(元)	0.29	0.34	0.24	0.22	0.24	0.22
盈利能力指标						
销售净利率	31.23%	31.04%	23.53%	17.12%	-7.03%	21.85%
销售毛利率	60.33%	59.93%	54.09%	51.64%	52.74%	51.18%
净资产收益率	18.33%	18.97%	10.86%	5.90%	-2.54%	6.29%
净资产收益率-摊薄	17.14%	17.73%	10.39%	5.73%	-2.63%	6.24%
运营能力指标						
营业周期(天)	333.93	293.70	370.01	492.16	471.92	458.22
存货周转率(次)	1.45	1.56	1.15	0.85	0.90	0.96

图3-3 福晶科技-个股资料（同花顺）

实战应用指南：

（1）在基本面+技术面的选股策略下，如果基本面并不是最理想的状态时，只要技术面的趋势符合选股要求时，也应将其列为目标股。

（2）在基本面+技术面的选股策略下，如果基本面完全符合要求时，但技术面未达到选股标准，则不应将其列入目标股，这时应等待更好的技术面选股时机。

（3）在基本面+技术面选的股策略下，如果基本面不完全符合要求时，技术面却符合要求，也应列入目标股，但必须确保基本面良好的股票，不是大盘蓝筹股。因为那些盘子大的大盘蓝筹股，在某些特殊时期，无法完全遵照基本面的变化，如实反映到技术面。如在市场低迷时，大盘蓝筹会起到稳定股市的作用，从而短期改变原有的技术面走势。

3.2　目标股的基本面要求

3.2.1　小盘股

在CCI操盘的基本面选股中，由于操作时是选择技术面形态中未来出现快速上涨概率强的股票，而小盘股因为股票本身的流通盘数量不大，所以更有利于主力在建仓后，运用较少的资金推动股价的快速上涨。所以，满足技术面要求的小盘股，往往是选股时最理想的目标股。

确认小盘股的具体方法：

通过对一只股票基本资料的观察，尽量选择那些流通盘数量少的股票，一般流通盘数量在几千万、市值在10亿元的股票，为最理想的小盘股；流通盘数量在10亿以内、市值在100亿元以内的股票，为盘子略大的小盘股。

如图3-4所示，三力士（002224）为流通A股数量在5.40亿股、当前流通市值在48亿元的小盘股。如图3-5所示，力合科技（300800）为流通A股仅有0.20亿股、当前流通市值在53亿元的小盘股。

图3-4　三力士-个股资料（同花顺）

力合科技 300800

图3-5　力合科技-个股资料（同花顺）

小盘股实战选股指南：

（1）在观察一只股票是否为小盘股时，不同的炒股软件上的操作方法不同，但提示均在这只股票K线图的左侧。以大智慧为代表的炒股软件上，显示为"基本资料"；以同花顺为代表的炒股软件，显示为"个股资料"，只要观察其中这只股票的A股流通盘数量即可。

（2）在基本面选股时，还有一种通用于各类炒股软件的快捷显示方法：打开想要查询的股票K线图后，按快捷键F10，页面上即会出现基本面的显示，只要寻找其中的A股流通盘数量观察即可。

（3）由于A股市场一些板块的定位原因，股票代码以002、300、603、688开头的股票，通常为中小盘股，但也要进行具体的基本面观察方可确定，因为好多小盘股上市多年后，经过反复的高送转，盘子已经变得较大，不适合短线操盘。因此，也不要刻意规避掉深市主板000开头和沪市主板600开头的股票，因为高送转较少的股票，同样流通盘并不大。

（4）原则上讲，流通盘过大的股票是不适宜选股的，尤其是典型的数千亿元市值的超级大盘股：有"两桶油"之称的中国石油和中国石化，国有四大银行。同时，两市第一高价股贵州茅台市值已达到万亿元，也不适合选股和操作。而那些流通数量略大的中盘股，只要符合技术要求时是可以操作的。

3.2.2 绩优股

绩优股，就是这只股票的业绩处于优良的状态。通俗地讲，就是这只股票所在的上市公司一直处于持续盈利的状态。但在判断一只股票是否为绩优股时，往往有着一定的标准。

判断绩优股的标准：

在判断一只股票是否为绩优股时，主要观察基本面中财务指标中的“净资产收益率”，只要这家上市的净资产收益率能够保持连续三年超过10%，即可确认为绩优股。

如图3-6所示，泰和科技（300801）个股资料中，公司连续三年的净资产收益率均保持在20%左右，可以确认为绩优股。

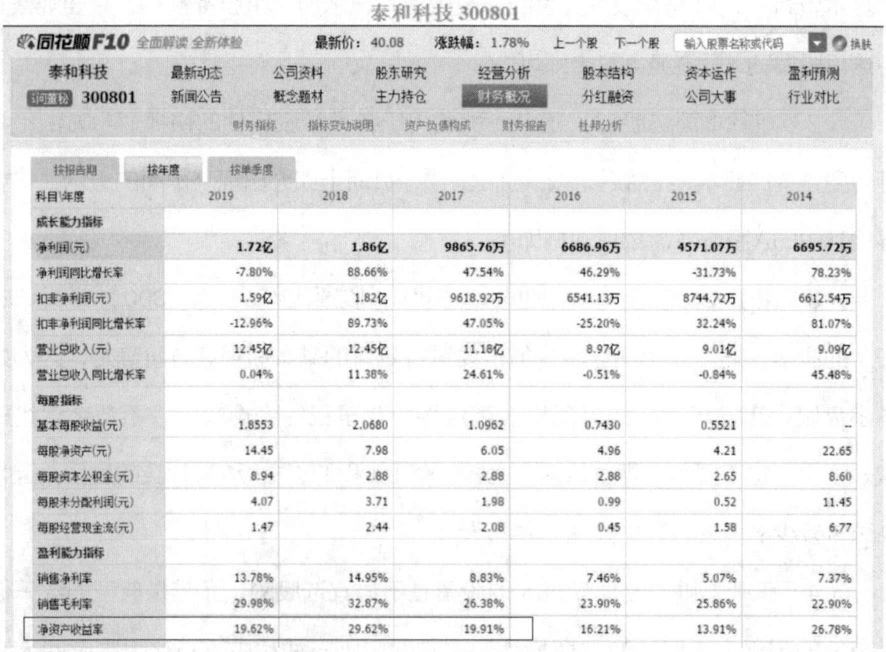

科目\年度	2019	2018	2017	2016	2015	2014
成长能力指标						
净利润(元)	1.72亿	1.86亿	9865.76万	6686.96万	4571.07万	6695.72万
净利润同比增长率	-7.80%	88.66%	47.54%	46.29%	-31.73%	78.23%
扣非净利润(元)	1.59亿	1.82亿	9618.92万	6541.13万	8744.72万	6612.54万
扣非净利润同比增长率	-12.96%	89.73%	47.05%	-25.20%	32.24%	81.07%
营业总收入(元)	12.45亿	12.45亿	11.18亿	8.97亿	9.01亿	9.09亿
营业总收入同比增长率	0.04%	11.38%	24.61%	-0.51%	-0.84%	45.48%
每股指标						
基本每股收益(元)	1.8553	2.0680	1.0962	0.7430	0.5521	--
每股净资产(元)	14.45	7.98	6.05	4.96	4.21	22.65
每股资本公积金(元)	8.94	2.88	2.88	2.88	2.65	8.60
每股未分配利润(元)	4.07	3.71	1.98	0.99	0.52	11.45
每股经营现金流(元)	1.47	2.44	2.08	0.45	1.58	6.77
盈利能力指标						
销售净利率	13.78%	14.95%	8.83%	7.46%	5.07%	7.37%
销售毛利率	29.98%	32.87%	26.38%	23.90%	25.86%	22.90%
净资产收益率	19.62%	29.62%	19.91%	16.21%	13.91%	26.78%

图3-6　泰和科技-个股资料（同花顺）

绩优股实战选股指南：

（1）在观察目标股是否为绩优股时，一定不要总是习惯于观察这家上市公司的年净利润增长率，而要观察"净资产收益率"，因为净资产收益率才更能准确地判断出上市公司的盈利状况。

（2）净资产收益率，位于这只股票基本面资料内的账务指标中的最下方，查找起来十分方便，但要注意观察其年度净资产收益率，而非季度年资产收益率。

（3）原则上，当一家上市公司的年净资产收益率保持持续三年在10%以上的水平时，即可确认为绩优股，这一比例越高，越能代表上市公司的实际盈利水平越高。

3.2.3　龙头股

龙头股是在某一行业的所有股票中，在某一时期内，股价的上涨处于领先地位，并对同行业其他股票的上涨形成影响和号召力的股票。可见，龙头股事实上就是行业领涨股。但在判断一只股票是否为龙头股时，有着具体的方法，因为一只股票在行业内如果存在领涨的潜力，往往是有迹可循的。

寻找龙头股的方法：

在某一行业内，只要在二级行业分类中，其年度每股收益保持在前三位的，都是三类细分行业中收益最好的，所占市场份额最高，一旦这一行业的股票出现上涨时，这类股票就最容易成为领涨的龙头股。所以，在选择龙头股时，一般是选择行业对比中，三级行业中排在第一位的，或是二级行业中位列前三位的股票，最容易成为领涨龙头股。

如图3-7所示，仙乐健康（300791）在个股资料中，公司在整个二级行业分类与三级行业分类中，其每股收益均排在第一位，当之无愧为行业与细分行业龙头股，一旦所属二级行业或三级行业股票出现上涨，必然会成为领涨股。

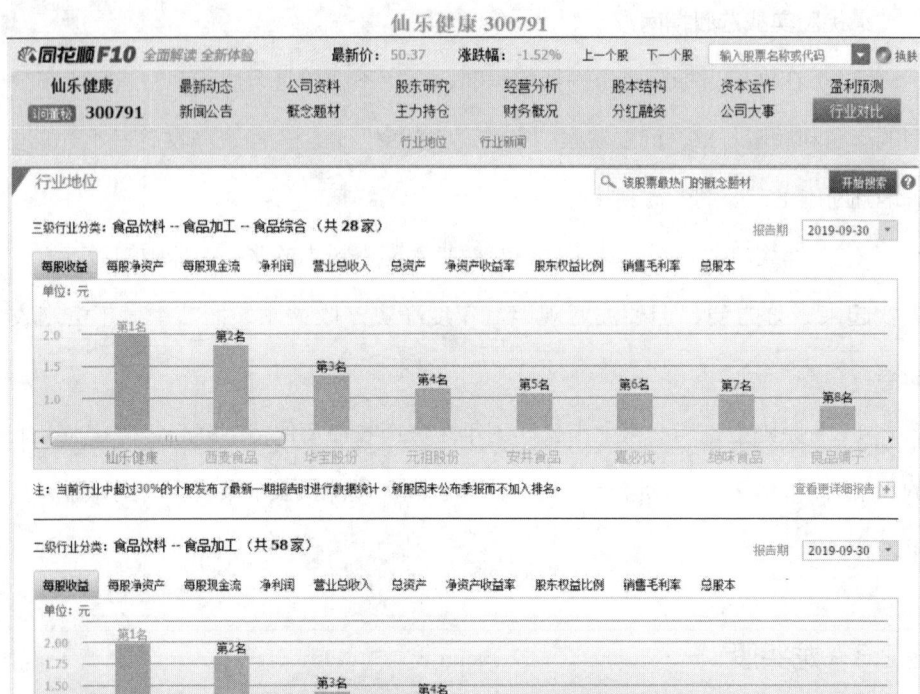

图3-7　仙乐健康-个股资料（同花顺）

龙头股实战选股指南：

（1）选择龙头股时，不是选择领涨股，而是选择未来具有最大领涨可能的股票，因为只有在行业或细分行业中占据第一位的股票，往往在行业或细分行业中所占的市场份额最大，技术处于领先地位，所以，在这一行业中的股票一旦出现上涨，这类股票最容易形成领涨，因此成为领先龙头股的第一选股目标。

（2）在选择龙头股时，一定要选择基本面行业对比中的每股收益这一指标，选择那些在三级行业分类中每股收益保持在前三位的股票，或是三级行业分类中每股收益位于第一位的股票。

（3）如果在某一行业股票出现集体上涨时，再来寻找领涨股，不是不可以这样选择，但此时的龙头股判断已经失去了选择的意义，因为股价已经上涨，错过了最佳的买入时机，如果再选择就成了马后炮，失去了选股的意义。

3.3　目标股的技术形态

3.3.1　持续快速下跌的股票

持续快速下跌的股票，是股价最容易产生反弹走势的股票，所以在选股时是一个重要的技术形态。

实战选股方法：

持续下跌类的股票，在选股时最直观的方法，就是通过K线的运行趋势来观察，只要发现股价在短期内出现持续弱势的大幅下跌，即可将其作为目标股。

如图3-8所示，塔牌集团（002233）中的A区域，股价在结束上涨后，出现A段走势的持续大幅下跌，符合持续快速下跌股票的要求，应及时将其放入自选股持续观察。

图3-8　塔牌集团-日线图

实战应用指南：

（1）由于当股价出现持续下跌时，最直观的表现就是K线趋势持续向下运行，所以，在根据这一形态选股时，只要观察K线的运行方向与下跌的幅度，即可判断出是否成为目标股。

（2）当股价出现持续下跌的走弱时，通常越是短期下跌幅度大的股票，未来出现快速反弹的概率越高，且前期下跌越猛烈，后市反弹的幅度越可期。

（3）通常在大盘由牛市转熊市期间，持续快速下跌的股票越多，因为熊市初期的下跌都是十分快速和猛烈的，后市一旦展开报复性反弹的幅度更大，抢反弹时的风险也越高，所以选股后的判断反弹时机也极为关键，且一定要结合大盘来判断。

（4）个股熊市持续快速下跌时，往往会形成MACD空头趋势或均线空头排列，此时只要发现K线向下距离5日均线较远时，则是选股最好的时机。因为K线向下越是远离5日均线时，越容易产生一触即发的反弹。

3.3.2　长期弱势震荡的股票

长期弱势震荡的股票，是股价弱势状态的一种震荡整理，由于股价的上涨，必然会经过之前的充分整理，才会出现转强的上涨趋势。所以，长期弱势震荡的股票是一种重要的技术选股形态。

实战选股方法：

（1）K线只要保持在大幅下跌后的弱势横盘震荡，可表现为宽幅水平震荡，也可表现为一字横盘的窄幅震荡，时间较长，至少在一个月左右的时间时，方可确认为长期弱势震荡。

如图3-9所示，鱼跃医疗（002223）在A区域，在此期间的K线在90根以上，股价呈横盘小幅震荡。符合长期弱势震荡的选股要求，应放入自选股持续观察。

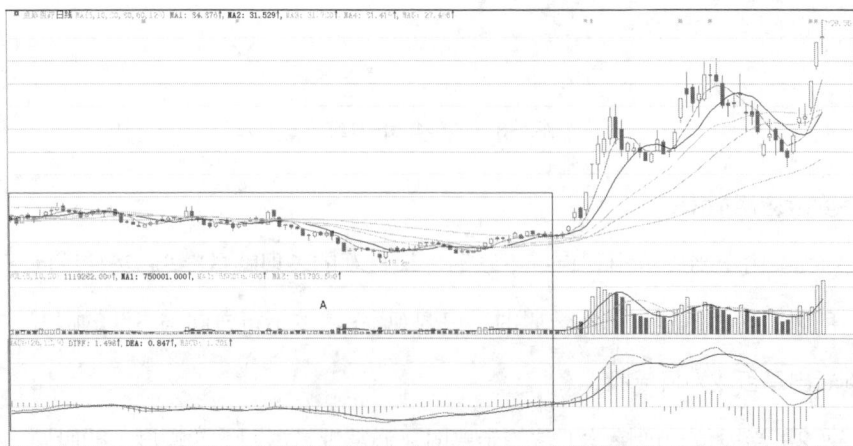

图3-9　鱼跃医疗-日线图

（2）判断长期弱势震荡的另一个方法就是通过MACD、BOLL或MA的震荡趋势结合K线趋势来判断。如图3-9中的A区域，保持均线反复缠绕状态，MACD为双线相距较近状态的小幅水平震荡，符合长期弱势震荡的选股要求。

实战应用指南：

（1）在判断股价处于长期弱势震荡时，必须确保之前有过明显的持续下跌，往往下跌幅度越大后的长期弱势震荡，其后突然反弹或反转的概率越高，且反转后股价短期快速上涨的幅度越可观。

（2）判断股价的长期弱势震荡时，K线的判断虽然更为直观，但应同时结合MACD、MA、BOLL等其中任意一个指标所表现出的震荡趋势来辅助判断。

（3）股价处于长期弱势震荡期间，MACD表现为双线相距较近状态的长期小幅水平震荡；MA表现为各均线相距较近状态的反复缠绕；BOLL表现为波带极窄状态的长期水平小幅震荡。

3.3.3　上涨趋势调整行情的股票

上涨趋势调整行情的股票，就是当股价形成明显的上涨趋势后，一旦出现短期的调整行情时，就要引起注意。因为这类股票一旦结束短线调整恢复上涨时，往往表现为加速上涨，所以是选股时的一种技术形态。

实战选股方法：

首先通过MACD或MA来判断上涨趋势，然后在股价短期转跌时，观察MACD或MA的短期调整行情的形态。如DIFF线或双线在0轴以上的向下运行，或是长期均线上行、短期均线向下的调整状态。

如图3-10所示，科大讯飞（002230）在A区域，当形成均线多头排列和MACD双线突破0轴后持续上行的多头上涨趋势期间，一旦进入B区域，MA中5日与10日短期均线出现平行略向下行，MACD双线也出现双线震荡向下的调整，这时就应及时将其放入自选股持续观察。

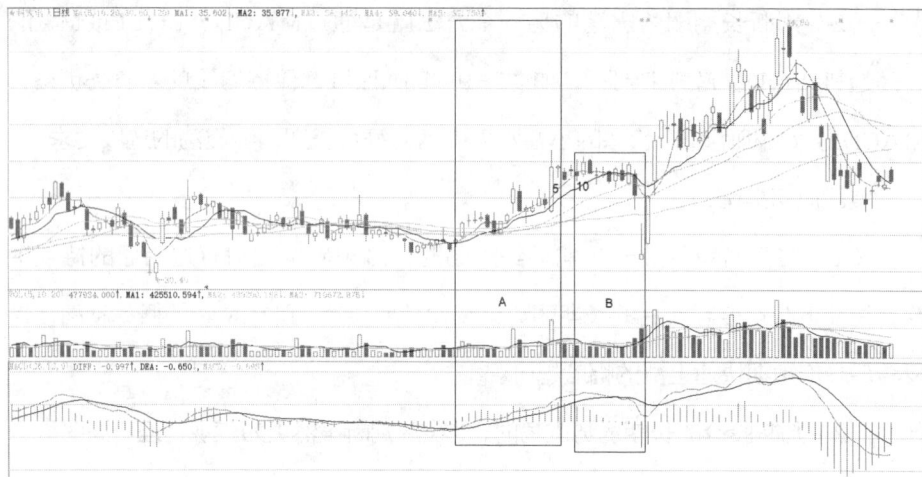

图3-10　科大讯飞-日线图

实战应用指南：

（1）在选股期间判断上涨趋势调整行情时，最为关键的是对上涨趋势的判断。利用MACD判断时，双线相继向上突破0轴后持续上行，为进入MACD多头的上涨趋势；利用MA时，短期均线在长期均线之上按周期由短到长依次向下排列，各均线呈向上发散运行的状态，为MA多头排列的上涨趋势。

（2）选股时，一旦通过MACD或MA中任意一个指标判断出上涨趋势后，就要判断调整行情，因为这类调整行情往往是短期的，所以，上涨趋势最初成立后的首次回调，往往是最佳的选股形态，且其后操作的安全性极高。

（3）MACD上涨趋势调整行情的形态，表现为双线于0轴以上的高位区DIFF线向下运行，或是双线向下运行，即为MACD上涨趋势中的调整行情形态。

（4）MA上涨趋势调整行情的形态是多头排列下，一旦在长期均线上行的情况下，出现短期均线转下行，通常是以5日均线的向下运行开始的，即为MA上涨趋势的调整行情。

3.4　实战要点

3.4.1　选股前要明白选股的目的

　　投资者在选股期间，无论是在通过技术面选股，还是结合基本面选股，都必须先明白一个道理，就是选股的最终目的是什么？因为无论是选股还是做事，一切不明白最终目的的行为，都是盲目的，也最容易出现偏差和错误。所以，必须在明白目的的前提下去选股。

　　选股的目的：

　　技术面选股的目的，是结合股价运行趋势的规律，选择技术形态中股价最容易形成上涨或反弹的股票类型；基本面选股的目的，是选择那些最具有上涨潜力和最容易上涨的股票要求。因此在选股时，所有的选股行为，都应当围绕这一目的，按照要求选股，这样后市的短期观察，才会捕捉到最具有上涨潜力的股票。

　　如图3-11所示，奥特迅（002227）在A区域的长期弱势震荡选股，目的是及时捕捉到B区域的突然启动上涨，以及C区域调整结束时的股价加速上涨。通过对图3-12的观察，发现这是一只小盘股，小盘股更容易出现快速上涨。明白了这一选股目的后，在实战中就会严格按照要求在图3-11中A区域的技术面及时将其放入自选股，并持续观察其基本面。

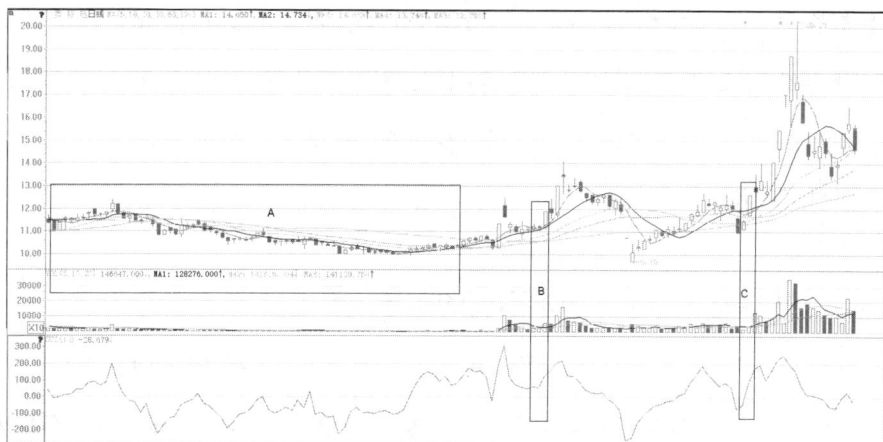

图3-11　奥特迅-日线图

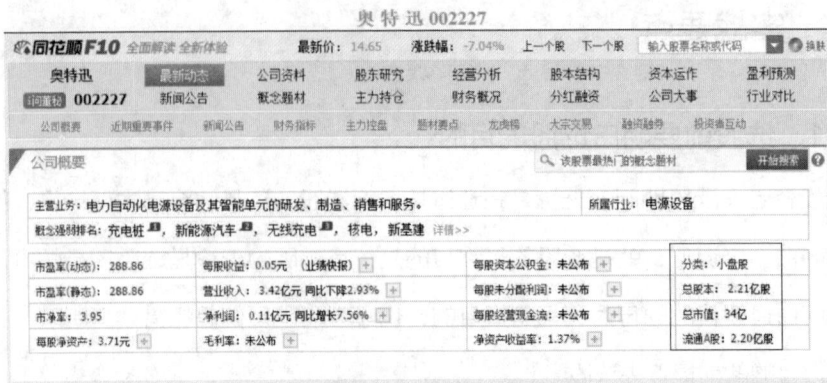

图3-12　奥特迅-个股资料（同花顺）

实战注意事项：

（1）小盘股、绩优股、龙头股的基本面选股，是从股票自身所表现出的特征，选择那些最具有上涨潜力的股票。但这并不意味着只有这三类基本面形态的股票，才能出现快速上涨，只不过是当一只股票的基本面同时表现出这三个特征时，未来实现快速上涨的概率更高。所以，在基本面选股时，一定要选择那些尽量同时满足这三个特征的股票来选择目标股，但如果仅仅满足其中一个或两个时，只要技术面符合要求，同样应选为目标股。

（2）持续快速下跌、长期弱势震荡、上涨趋势调整行情这三种技术形态，是从股价出现上涨前的技术走势出发进行选股的。因为这三类技术形态的股票，其后最容易出现快速上涨。这是从股价趋势的演变规律出发所得出的结论。但同样并不意味着其他形态的股票就不会出现持续快速上涨，因此，在技术面选股时，同样要明白这个道理，适当放宽技术面的选股要求。因为选股的目的是发现其后的快速上涨。

3.4.2　选择基本面强、技术面弱的股票

在实战选股中，一定要根据股票的基本面和技术面的要求去选股，因为一只股票只有表现出符合要求的基本面强、技术面弱这一明显特征，未来才具有极大的上涨潜力。

选股的具体要求：

（1）基本面强，是指一只股票在基本面完全符合小盘股、绩优股、龙头股时是最强的基本面表现。

如图3-13所示，民和股份（002234）明显表现为小盘股和绩优股，图3-14中又看出为三级行业中位列第一的细分行业龙头股，同时符合基本面选股的三个要求，为基本面强。

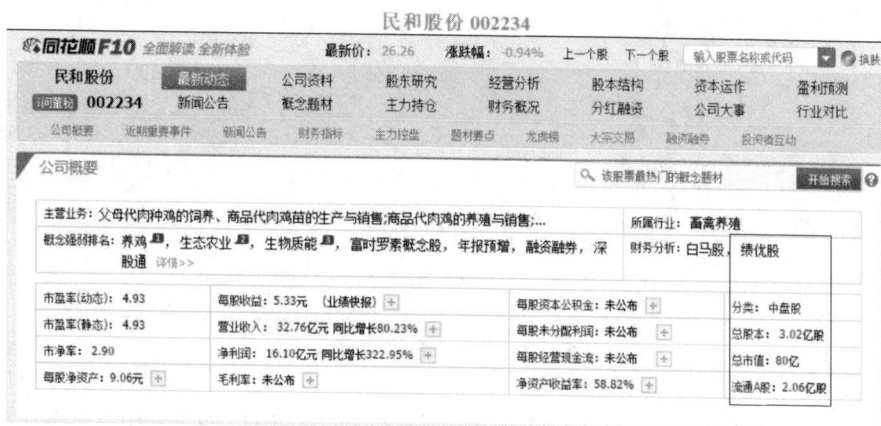

图3-13　民和股份-个股资料（同花顺）

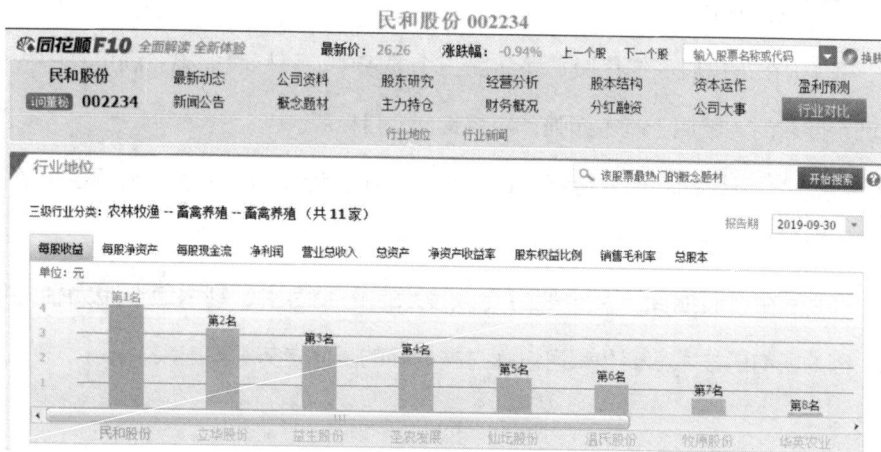

图3-14　民和股份-行业对比（同花顺）

（2）技术面弱，是指股价在技术走势中表现为持续快速下跌、长期弱势震荡、上涨趋势调整行情三种形态中的任意一种时。如图3-15所示，民和股份在A区域表现出的就是技术面的持续快速下跌。

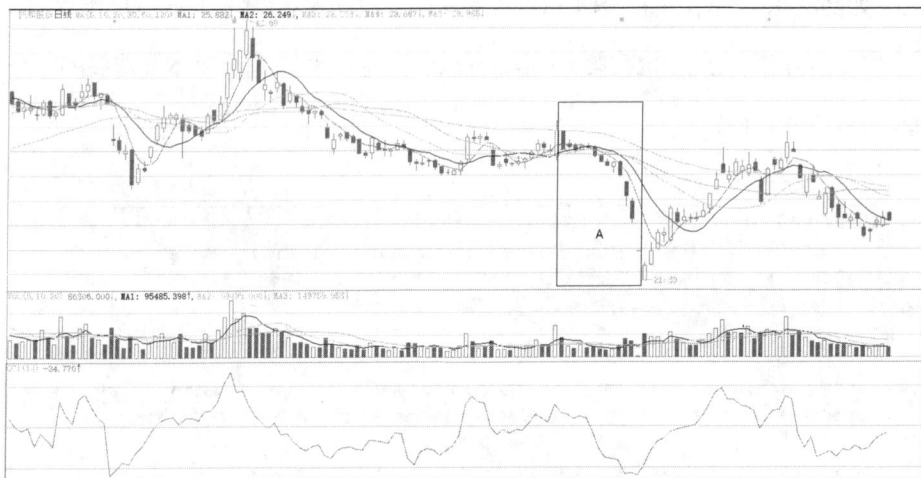

图3-15　民和股份-日线图

结合以上两点内容，即可确认民和股份这只股票在A区域表现出基本面强、技术面弱的特征，所以应将其列为目标股来持续观察。

实战注意事项：

（1）在小盘股、绩优股、龙头股三个要求中，目标股如果只满足其中一个或两个要求时，就属于基本面强，应将其列为目标股。

（2）一旦目标股形成持续快速下跌、长期弱势震荡、上涨趋势调整行情等时，就属于技术面弱的股票，应将其列为目标股。

（3）在选股期间，一定要遵守以技术面选股为主、基本面选股为辅的策略，因为所有的技术面变化都可以通过技术面的具体走势观察出来。

3.4.3 技术选股时结合辅助指标来判断

在实战选股期间，根据技术面与基本面选股时，一定要分清技术面与基本面的主次关系，这样才能抓住选股的重点，将精力放在最关键的部分，对一只股票进行筛选。

正确的选股流程和方法：

在技术面选股时，应首先通过K线走势来判断，然后再通过辅助指标的观察来确认这种K线走势是否符合技术形态要求。

如图3-16所示的澳洋顺昌（002245），在技术选股时，当发现A区域K线处于长期弱势震荡时，K线周围的均线也表现为反复缠绕的状态，下方MACD也呈双线相距较近的长期小幅震荡，所以，可以确认为长期弱势震荡。通过MA或MACD来验证K线的长期弱势震荡，就是技术选股时通过其他指标的辅助判断来确认技术形态的过程与方法。

图3-16 澳洋顺昌-日线图

实战注意事项：

（1）在技术选股时，一定先从K线的直观走势初步判断这只股票的形态，然后再通过MA或MACD等其他指标来最终确认技术形态。

（2）在技术选股期间，由于技术指标的形态更能准确地提示出股价是处于运行中的哪个阶段，所以，结合技术指标的辅助判断，更能验证K线直观走势的趋势所处的趋势运行阶段。

第 4 章

底部信号: 趋势转强时的CCI信号

当牛股启涨时，CCI就会发出准确的底部信号，为买入股票时提供了重要的参考。但股价真正由弱转强时，必须在CCI形成明显的底部回升信号时，其他指标也形成底部回升的助涨信号时，才能确保股价底部的坚实可靠，为买入股票后成功获利提供了准确的判断依据。

4.1 CCI底部回升信号

4.1.1 CCI大角度向上远离

CCI大角度向上远离，是一种股价快速上涨的表现，但必须确保在此期间股价趋势与CCI走势呈同步向上运行的状态，因为CCI只有在正常状态运行时，一旦出现向上大角度远离时，才意味着股价出现快速上涨，所以是判断牛股快速启涨时的一种底部回升信号。

形态要求：

（1）股价在CCI大角度向上远离时，必须表现为与CCI同步运行，也就是没有出现背离，但必须确保CCI向上的水平角度至少在60°，甚至更大时，方可确认为大角度向上远离。

如图4-1所示，嘉化能源（600273）在A区域出现CCI以接近70°水平角度向上远离的大角度时，K线与CCI为同步向上的状态，未发生背离。所以，A区域基本符合CCI底部回升信号的要求。

图4-1　嘉化能源-日线图

（2）CCI大角度向上远离的形态，可以是出现CCI超买区、超卖区或常态区中的任何一个区域，但形成底部回升的买入时机时，必须确保其他任意一个辅助指标的助涨形态时，方可确认CCI的底部回升信号成立。

如图4-1中A区域出现CCI大角度向上远离时是发生在向上进入超买区时，形成短期均线金叉的助涨，所以，可以确认CCI底部回升信号的成立。

实战应用指南：

（1）CCI大角度出现强势反弹行情时，通常最早发生在-100～+100的常态区，或是-100以下的超卖区域，若是发生在多头趋势调整结束时的强势加速上涨时，发生在CCI在常态区域向上突破进入超卖区时。

（2）CCI大角度向上远离出现时，只是表明CCI指标出现快速转强的底部回升形态，必须MACD或MA等其他指标也同时形成助涨形态时，方可确认CCI底部回升形态的成立，同时也必须满足量价买点信号要求时，才能买入股票。

（3）如果CCI大角度向上远离发生在超卖区时，往往CCI二次跌破地线后出现的大角度向上远离时，突破地线时，为确认底部回升形态的最佳时机。此时，辅助指标必须形成起码MACD长期震荡下的DIFF线突然向上翘起时，为较强的快速反转助涨形态；或是MA形成多头上涨趋势初期形态时，同样为趋势反转的辅助判断助涨形态。

4.1.2　CCI强势突破常态区域

CCI强势突破常态区域，是股价进入超卖状态的征兆，也是股价加速上涨的开始，因为所有的股价在上涨趋势中的加速上涨出现时，都会形成这种CCI强势的特征，因此是一种CCI阶段性底部强势回升的信号。

形态要求：

（1）CCI强势突破常态区域期间，发生在常态区，呈向上运行，CCI向上的角度可以表现为较缓慢，也可以形成大角度，原则上CCI向上远离的角度越大，强势特征越明显。

如图4-2所示，晨鸣纸业（000488）在A区域，CCI在-100～+100出现明显的大角度向上远离，所以可以进一步观察。

图4-2　晨鸣纸业-日线图

（2）CCI强势突破常态区域出现时，CCI表现为由常态区域向上运行的过程中，向上突破天线后，依然保持这种态势。如图4-2中的A区域，CCI在向上突破天线+100后，依然保持大角度向上远离。

综合以上两点内容，可确认A区域形成CCI强势突破常态区，均线表现为短期均线金叉，所以可确认在A区域形成CCI强势突破常态区的底部回升信号。

实战应用指南：

（1）CCI强势突破常态区域出现时，同样需要借助MACD或MA进行辅助判断，MACD在此期间表现为双线在0轴以上运行，DIFF线或双线经过短线下行时出现止跌回升。判断双线止跌时，往往是双线或只有DIFF线向下运行过程中在0轴以上的止跌回升，更为强势；在0轴附近止跌回升时，强势略弱，但必须出现双线突破0轴时，方可证明为强势助涨。

（2）当CCI强势突破常态区域出现时，如果运用MA辅助判断，往往MA表现为长期均线向上、短期均线向下状态时，短期均线恢复继续上行的多头排列等，或是短期均线快速上行时为助涨形态。

（3）CCI强势突破常态区域只是CCI指标的底部回升形态，在判断买点时，除了要满足一种辅助指标的判断外，还必须满足量价买点的要求时，方可买入股票。

4.1.3　CCI二次进入超卖区域的探底回升

CCI二次进入超卖区域的探底回升，是在股价极弱的情况下抢反弹操作的一种CCI底部回升形态，主要是指CCI在首次进入超卖区域后，回升到常态区后又很快跌回超卖区，如果形成其他指标的助涨要求后，就构成CCI底部回升的买入信号。

形态要求：

（1）CCI二次进入超卖区域的探底回升出现时，CCI两次进入天线以下超卖区的时间不可间隔过久，日线图上通常以最多7根K线为宜。如图4-3所示，烽火电子（000561）可以明显看出，A区域CCI两次跌破地线-100期间的回升是极短的，所以，可基本确认为CCI二次进入超卖区，通过进一步观察以确定。

图4-3　烽火电子-日线图

（2）确认CCI二次进入超卖区域的探底回升形态时，必须确保在CCI二次进入超卖区后回升到地线-100以上时，方可确认形态的成立，但同时必须达到辅助指标的助涨要求，出现量价齐升时，方可买入股票。如图4-3中在A区域出现CCI二次进入超卖区后的B区域，CCI快速回升到-100线之上的常态区，并符合反弹买点的5日均线快速转上行及量价齐升的要求，应及时买入。

实战应用指南：

（1）CCI二次进入超卖区域的探底回升出现期间，往往出现在长期弱势的趋势中，根据持续下跌形态选股后，观察反弹是否出现股价在底部的快速回升形态，所以，具体的买点必须符合量价齐升的反弹买点时，方可买入股票。

（2）CCI二次进入超卖区域的探底回升出现时，确认形态时，必须确保CCI二次跌破地线后，由跌转涨回升到地线之上时，方可确认为CCI底部回升形态。

（3）CCI二次进入超卖区域的探底回升形成期间，辅助指标的判断，不管是否形成MA的均线多头排列，只要短期均线表现为快速上行，或是MACD形成低位弱势金叉后双线向上发散时，即可确认为助涨形态。

4.1.4　CCI空中加油

CCI空中加油，是股价在上涨趋势中看似略转跌，或是CCI出现平行略震荡时，很快又恢复CCI继续快速向上运行时的一种上涨中继整理结束的形态，就像是飞机在低空向上飞行中，短暂补充油量后，再次开始向高空飞行，所以是股价蓄势腾飞的表现，因此也是上涨过程中一种夯实低点后加油上涨的CCI底部回升信号。

形态要求：

（1）CCI空中加油出现时，往往有过一段CCI在常态区域的缓慢上行，或是

CCI突破天线在超买区的上涨过程中，出现向下运行中的短时跌破天线或是未跌破天线，即回到超卖区。

如图4-4所示，中色股份（000758）中的A区域之前，CCI运行在超买区的强势状态，进入A区域才回到常态区偏上的位置，呈震荡状态，并在A区域右侧出现明显快速上行突破天线+100，可以基本确认为CCI空中加油，但必须通过进一步观察来确认。

图4-4　中色股份-日线图

（2）CCI空中加油形态出现时，趋势为缓慢的上涨趋势，可通过MA或MACD来判断上涨趋势，而空中加油形成后，又恢复多头上涨趋势。如图4-4中的A区域形成CCI空中加油时，5日均线略震荡后恢复继续上行的多头排列，所以，可以确认CCI空中加油的底部回升形态成立。

综合以上两点内容，可确认在A区域形成CCI空中加油，其后的B区域与C区域表现为量价齐升时，应果断买入股票。

实战应用指南：

（1）CCI空中加油出现时，CCI表现为上行渐缓，就像上涨状态下突然出现停歇，甚至是略有小幅回调，但判断CCI空中加油成立时，应以CCI突然恢复上行时，方可确认形态成立。

（2）CCI空中加油出现前，股价缓慢的上涨趋势是一个前提，根据上涨趋势的调整行情选股后，一种股价短期快速调整快速结束的CCI底部回升形态。因此，在CCI空中加油出现时，股价通常不会跌破前期震荡上行时的低点。

（3）CCI空中加油出现时，CCI的短时回调可以表现为未跌破超买区，也可以表现为跌破超买区后，位于常态区偏上方，但往往发生在超买区后即回升时，表明空中加油时间短，短线调整幅度小。

（4）CCI空中加油形成期间，MACD的辅助判断助涨形态往往为多头趋势下的死叉不死等，或是短期均线在长期均线之上向下运行时，未跌破长期均线的死叉不死形态，甚至仅仅是5日均线略平行即恢复强势上行等形态。

（5）当CCI空中加油形成时，只有辅助指标也形成助涨形态，同时满足量价齐升的买点要求时，方可买入股票。

4.1.5 CCI底背离+大角度上行

CCI底背离+大角度上行，是根据CCI底背离形态结束时，股价快速转强时的一种牛股启动的征兆，同时也是对前期CCI底背离后股价彻底转强的判断。因此，CCI底背离+大角度上行是牛股启动时的一种CCI底部回升信号。

形态要求：

（1）CCI底背离+大角度上行出现时，必须首先形成CCI底背离，即股价持续或震荡上行中，CCI形成持续或震荡下行。

如图4-5所示，黑芝麻（000716）中的A区域，K线明显震荡下行、低点在不断走低，CCI却出现震荡上行，低点在不断抬高，形成CCI底背离。这时就应持续观察。

图4-5　黑芝麻-日线图

（2）CCI底背离+大角度上行出现时，一旦CCI结束底背离，出现CCI与股价同步向上时，CCI向上的角度必须形成至少为60°的大角度，但只有量价齐升时方为买点。

如图4-5中A区域CCI底背离后的C区域，虽然CCI形成大角度上行，但量价不支持，所以，即使是C区域形成CCI底背离+大角度上行的回升形态，也不应买入股票。应在其后的B区域，CCI再次形成大角度上行的量价齐升时，方可买入股票。

实战应用指南：

（1）CCI底背离+大角度上行是CCI底背离和CCI大角度向上远离的两种CCI形态的组合，是在CCI底背离结束，股价与CCI同步向上时，CCI快速转强的一种信号，所以，这种CCI底部回升信号的可靠性更强，也是单独根据CCI底背离捕捉快速转强牛股时的一种方法。

（2）CCI底背离+大角度上行出现时，辅助指标的判断是MACD在未出现背离的状态下，形成低位金叉后双线向上发散等助涨形态，或是MA形成短期均线的快速回升、MA多头排列初期的形态等助涨形态。

（3）CCI底背离+大角度上行形态与其他CCI底部回升形态一样，必须通过其他指标助涨形态的确认后，满足量价齐升的买点要求时，方可买入股票。

4.2 确认CCI底部成立的辅助指标形态

4.2.1 K线底部回升形态

在利用K线辅助判断CCI底部回升形态时，主要是通过K线形成明显的底部回升形态来进行佐证。只要发现在CCI形成底部回升信号时，K线同时也形成底部回升形态时，方可确认为CCI买入形态的信号。

形态要求：

（1）当CCI出现抢反弹的底部回升信号后，K线通常会形成曙光初现、旭日东升等K线组合形态，或是V形反转等助涨形态。

如图4-6所示，华邦健康（002004）在快速下跌中，A区域CCI发出超卖区大角度向上远离的底部回升信号，K线上先是出现一根下跌阴线，然后出现一根高开高走高收的阳线，收于阴线实体之上，两根K线在相近水平形成旭日东升形态，说明K线形成CCI抢反弹的底部回升助涨形态，可确认CCI反弹的底部回升信号成立，B区域量价齐升时应果断买入股票。

图4-6 华邦健康-日线图

（2）当CCI出现强势突破常态区等加速上涨的底部回升信号时，K线会表现为V形反转、曙光初现、旭日东升、上涨红三兵、类红三兵形态。

如图4-7所示的*ST德豪（002005），当A区域出现CCI大角度突破天线的强势回升信号时，K线形成实体大小相近、呈节节上升的红三兵形态，说明K线形成符合CCI加速上涨的助涨要求，同时量价齐升，应果断买入股票。

图4-7　*ST德豪-日线图

实战应用指南：

（1）在利用K线辅助判断CCI底部回升信号是否成立时，因为底部回升信号出现的形态不同，所以，具体的K线助涨形态也存在一定差别，应认真区分，以确认是否为准确的助涨形态。

（2）在抢反弹的CCI底部回升信号出现时，K线也会形成比较迅速的K线组合形态，如曙光初现、旭日东升、V形反转等。

（3）在上涨趋势调整行情结束时的CCI底部回升信号时，往往是CCI强势突破常态区的形态，此时的K线助涨判断，K线形态除了可以表现为曙光初现、旭日东升、V形反转等组合形态外，还可以表现为红三兵或类红三兵等强势形态。

（4）曙光初现由两根K线组成，前一根为下跌阴线，后一根为再次刷新阴线低点的阳线，但收盘必须至少回升到前一根阴线的1/2时，同时两根K线必须实体相当时，方可确认。

（5）旭日东升，同样是两根实体相近的K线，前一根为阴线，后一根阳线却在前一根阴线低点之上开盘，并收于阴线实体之上时，方可确认。

（6）V形反转由多根K线组成，最少要有三根，在前期出现阴线快速下跌，但创新低后出现快速回升，形成一个英文字母V的形状。

（7）上涨红三兵，由三根实体相近的阳线组成，后一根在前一根阳线实体之上开盘并高收，形成台阶式上升形态。类三红兵是指三根K线并未形成节节攀升状态，而是阳线实体之间出现一定的重合。

4.2.2　MACD底部回升形态

当CCI形成底部回升信号时，如果以MACD指标进行辅助判断，虽然只要形成双线上行或向上远离的助涨形态即可，但一些MACD特有的强势形态，更能准确地判断出股价的快速启涨，所以，必须仔细观察，以确认CCI底部回升时的MACD助涨形态。

形态要求：

（1）反弹期间形成MACD的助涨形态，多数表现为低位金叉后双线向上发散。

如图4-8所示的紫光国微（002049），当股价持续大幅下跌后，进入A区域，CCI形成由常态区缓慢上行中大角度向上远离进入超买区的反弹信号，MACD形成低位区双线金叉后向上发散的助涨形态，说明MACD支持CCI的反弹买入信号，同时形成量价齐升，应及时买入股票。

图4-8　紫光国微-日线图

（2）反弹+反转的牛股启动时，CCI底部回升信号形成后，MACD会形成双线长期震荡中的DIFF线突然向上翘起。

如图4-9所示，海特高新（002023）在长期弱势震荡中，进入A区域，CCI发出大角度向上突破+100进入超买区的强势信号，MACD形成DIFF线突然向上翘起并突破0轴的强势助涨形态，说明MACD支持CCI的强势买入信号，且股价持续上涨中出现涨停阳线，量价齐升，说明趋势由反弹形成快速反转，应果断在A区域右侧涨停阳线当日涨停前买入股票。

图4-9　海特高新-日线图

（3）上涨趋势调整行情结束的CCI底部回升信号出现时，MACD多表现为在0轴附近的金叉后双线向上发散，甚至是更为强势的双线在0轴以上的死叉不死。

如图4-10所示的分众传媒（002027），当股价在上涨行情中出现短线调整时，进入A区域，CCI明显发出大角度向上突破+100的转强信号，MACD表现为在0轴附近止跌后金叉向上发散，并突破0轴恢复多头趋势，同时表现为量价齐升，应果断买入股票。

图4-10　分众传媒-日线图

实战注意事项：

（1）在利用MACD进行辅助判断底部回升信号时，必须形成CCI底部回升信号时，才更有实战意义，但在操作时，如果捕捉长期弱势震荡的股票启动形态时，可利用DIFF线突然向上翘起形态，结合CCI底部回升信号强的突破常态区，或CCI大角度向上远离来辅助判断，更为准确。

（2）DIFF线突然向上翘起形态，是双线在长期弱势水平小幅震荡趋势中，突然出现DIFF线的向上翘起，快速向上远离DEA线。但在实战中，经常会发生MACD双线在长期弱势震荡中，DIFF线略向上远离后突然转快速下行，此时K线会形成一个明显的"黄金坑"，然后再形成MACD金叉后双线向上发散的启动。若是"黄金坑"不明显时，MACD双线只是略震荡走低后再形成DIFF线突然向上翘起。

（3）MACD金叉是指DIFF线由下向上与DEA线的交叉；双线向上发散是指双线在相距较近状态期间出现持续向上分散和远离。这两种形态往往结伴出现，为MACD金叉后双线向上发散形态，与单纯的DIFF线突然向上翘起形态比较，差别在于DIFF线突然向上翘起形态中，双线向上发散是以DIFF线的快速向上翘起而实现双线快速向上分离的。

（4）MACD死叉不死，是指双线在持续上行的过程中，当上方DIFF线中止上行转为下行时，在接近下方DEA线时，未与DEA线交叉形成死叉，即转为继续上行。利用这种形态辅助判断时，必须确保是发生在0轴以上时。如果是在0轴以下的弱势期间，MACD死叉不死只能说明是震荡走强的征兆。

（5）在利用MACD辅助判断上涨趋势调整结束时，多数双线发生在0轴以上的恢复上行最为理想，但最低要求是双线必须在0轴附近转金叉上行。但必须注意的一点是，MACD在震荡趋势中的所有金叉与死叉，均为无效金叉与无效死叉，此时的判断应以双线突然向上发散为准。

4.2.3　KDJ底部回升形态

当CCI出现底部回升信号时，如果利用KDJ进行辅助判断，通常CCI在常态区域形成宽幅震荡行情时，也就是CCI强势特征不明显的震荡状态时。所以，在其他的CCI底部回升信号出现时，不建议利用KDJ来辅助判断，因为日线图上的KDJ往往上下波动较快，利用KDJ来判断经常会失误。

辅助判断的具体要求：

（1）前提：必须是CCI位于−100～+100的常态区，股价表现为宽幅震荡行情时，方可使用KDJ来辅助判断。

如图4-11所示，七匹狼（002029）在A区域之前，CCI一直表现为在-100～+100的常态区反复宽幅震荡的走势。这时即可根据KDJ来判断底部回升形态进行低吸。

图4-11　七匹狼-日线图

（2）判断的具体要求：KDJ位于50线下方的低位金叉，或J线低位大角度上行时为底部回升形态，满足量价齐升时可低吸买入。如图4-11中的A区域，CCI上行，KDJ表现为低位金叉，同时量价齐升，应果断低吸买入。

实战应用指南：

（1）KDJ底部回升形态的辅助判断，主要应用于CCI在常态区域的宽幅震荡行情时，利用KDJ底部回升时判断低吸影碟机。其他CCI底部回升形态中，应尽量不要利用KDJ来辅助判断。

（2）在利用KDJ辅助判断CCI常态区域的宽幅震荡的低吸时机时，原则上可以通过50线下的低位金叉来确认，但在把握时机时，可采取提前买入，也就是J线快速向上时、K线和D线转为平行或略向上时，即在KDJ金叉前低吸操作，但买入时，一定要结合量价来判断买点。

（3）在利用KDJ判断CCI常态区域的宽幅震荡低吸点时，量价的表现通常与其他CCI买入形态的买点略有差别，也就是放量上涨不会十分明显，所以只要形成阳量上涨的量价齐升时，即可确认为低吸点。

（4）在J线大角度上行时，J线在日线上的大角度也必须保持在至少60°的水平角度时，方可确认为大角度。

4.2.4　MA底部回升形态

当CCI形成底部回升信号时，如果利用MA进行辅助判断，原则上必须MA形成助涨形态，但由于CCI底部回升信号时的具体股价上涨的情况不同，所以，MA的助涨形态也有所不同，应予以区分，以准确确认CCI底部回升的成立。

形态要求：

（1）当反弹行情出现CCI底部回升信号时，MA表现为短期均线在长期均线最下方的快速回升，主要体现在5日均线的快速回升。

如图4-12所示，苏泊尔（002032）在弱势中，进入A区域，CCI发出常态区大角度向上远离的底部回升信号，5日均线明显转为快速上行，支持CCI上涨，同时表现为量价齐升，应果断买入股票。

图4-12　苏泊尔-日线图

（2）当反弹+反转行情出现CCI底部回升信号时，MA表现为多头排列初期形态，K线位于5日均线偏上方的位置。

如图4-13所示的登海种业（002041），在长期弱势震荡中进入A区域，CCI发出大角度向上远离时突破天线+100的强势信号，MA表现为短期均线在长期均线之上向上发散的均线多头排列初期形态，CCI底部回升信号成立，同时出现量价齐升，说明反弹出现快速反转，应果断买入股票。

图4-13　登海种业-日线图

（3）当上涨趋势调整行情结束时的CCI底部回升信号出现时，MA通常表现为长期均线向上运行中的短期均线结束下行、恢复上行的形态，一般表现为5日均线与10日均线等短期均线的下行调整与恢复多头排列。

如图4-14所示，兔宝宝（002043）在明显的均线多头上涨趋势中，B区域出现5日均线略下行后与10日均线的缠绕震荡，进入A区域，CCI发出大角度向上突破天线+100的转强信号，5日均线明显上行至10日均线之上，恢复均线多头排列，CCI回升信号成立，同时表现为量价齐升，应果断买入股票。

图4-14 兔宝宝-日线图

实战应用指南：

（1）在利用MA辅助判断CCI底部回升信号是否成立时，应尊重当前的趋势转强特征来分别观察MA的助涨形态，也就是不同的股价快速转强时的MA助涨形态不一样，不可一概而论。

（2）在上涨趋势调整行情出现时，通常表现为长期均线上行、短期均线转为下行的调整，其中最强势的短线调整时间极短的情况，只是针对5日均线，在此期间，5日均线表现为平行或略下行后转上行的恢复多头排列。这时CCI的底部回升信号一旦出现，即应根据量价齐升状态及时买入股票。

（3）当上涨趋势调整行情出现时，如果涉及20日均线或30日均线，只有60日均线依然保持上行状态时，且调整期间的多条短期均线相距较近时，意味着上涨趋势或已终结，只是短线的暂时转强，这时即使CCI底部回升信号明显，也应谨慎参与，一定要控制好仓位。

4.3 实战要点

4.3.1 CCI底部回升，股价走出低点再抄底

在根据CCI底部回升形态实战操盘中，一定要明白一个概念，就是无论是哪种趋势下的CCI底部回升形态，都不要在阶段性低点回升的初期买入，必须股价走出低点，呈现回升时得到量能的支持，方可抄底买入。

CCI底部回升抄底的具体要求：

（1）如果根据CCI抢反弹操作的抄底时，一定要等到CCI出现明显的回升信号时，股价走出底部低点出现止跌回升的量价齐升时再抄底。

如图4-15所示的云意电气（300304），在短期快速下跌后，股价在走出低点D后，进入B区域，CCI形成大角度向上远离，5日均线转为快速上行时，同时表现为量价齐升，这时再来抄底。

图4-15　云意电气-日线图

（2）如果根据CCI操作上涨趋势调整结束的回升信号抄底时，一定要等到CCI出现明显的回升信号时，股价走出调整低点时形成止跌回升的量价齐升时再抄底。如图4-15中A区域走出调整低点C时，CCI大角度突破常态区，均线恢复

多头排列，形成量价齐升，这时方可抄底买入。

实战应用指南：

（1）根据CCI底部回升信号抄底时，一定要克服在最低点回升时的抄底行为，尤其是长期弱势时的抄大底行为，更是不可取，这种弱势的启动，如果止跌回升时量能无法持续，则抄底会抄在震荡高点。

（2）即使是在反弹行情时的抄底，哪怕CCI底部回升信号再强烈，也应在明显的量价齐升出现时，也就是日线图当日形成明显的走出低点后的量价齐升时，再来抢反弹。

（3）在CCI处于常态区域的宽幅震荡行情中，高抛低吸时的抄底时，虽然在此期间CCI上行的趋势多数不明显，但必须是在KDJ发出明确上行的指令时，形成量价齐升，方可低吸。此时的股价通常也不会是波段震荡的最低点。

4.3.2　CCI底部回升，通过辅助指标进行确认

当CCI发出明确的底部回升信号时，一定不要急切地根据量价形态匆忙买入，因为尚未通过其他指标来确认CCI底部回升是否成立。所以，必须在此期间严格按照辅助指标的助涨判断要求进行确认，方可证明CCI底部回升的成立。

辅助判断的具体要求：

（1）必须至少有其他一种指标达到助涨要求时，方可确认CCI底部回升的成立，辅助指标包括MACD、MA、K线。

如图4-16所示，华帝股份（002035）在A区域，当CCI形成大角度向上突破天线的底部回升信号期间，5日均线明显大角度上行，与10日均线形成均线金叉，MA辅助指标符合助涨形态的要求，这时即可观察量价。

图4-16　华帝股份-日线图

（2）当CCI形成底部回升形态时，通过辅助指标进行助涨的确认后，必须满足量价齐升要求时，方可买入股票。如图4-16中的A区域，当CCI大角度向上远离与短期均线金叉的底部信号明显时，量价表现为明显放量上涨的量价齐升，这时方可买入股票。

实战应用指南：

（1）原则上，通过其他辅助指标佐证CCI底部回升信号时，只要辅助指标中的一个指标形成助涨形态时即可确认。但如果是非常态区域出现的CCI底部回升信号出现时，不能以KDJ进行辅助判断。

（2）如果长期弱势震荡中出现低位区的CCI底部回升信号，最好通过MACD和MA均形成多头上涨趋势时再来确认，因为长期弱势的股票一旦启涨，多数时候难以一蹴而就，多一个指标来判断，则越能证明股价突然启涨时的信号更为明确。

（3）KDJ指标的辅助判断，只有在CCI位于常态区域时，方可根据KDJ底部回升的信号来进行低吸操作。所以，KDJ的辅助判断，只适用于日线图上宽幅震荡期间的高抛低吸操作。

（4）通过其他指标对CCI底部回升信号进行辅助判断时，一定要确保这一指标未发生背离，否则这种辅助判断就失去了辅助判断的意义。

4.3.3　CCI底部信号出现，结合量价抄底

在实战中，根据CCI底部回升信号判断股价的快速转强时，很多投资者在通过辅助指标的助涨判断后，经常会忽略量价启涨点的判断。殊不知，多个指标的底部回升形态再标准，如果未达到启涨时的量价要求，也就无法保证其后的快速上涨行情能够持续。

因此，在CCI底部回升信号出现期间，必须形成量价齐升，才会确保其后的快速上涨能够持续。所以，CCI抄底时一定不能忽略量价的表现。

形态要求：

（1）在结合量价进行CCI底部回升信号抄底时，首先必须形成CCI底部回升信号，并得到其他辅助指标的助涨后再来观察量价的表现。

如图4-17所示，联创电子（002036）在均线多头的弱势震荡中，当进入A区域，CCI发出大角度向上远离的底部回升信号，同时5日均线明显出现快速上行，60日均线上行，其他均线呈平行状态，为即将恢复多头排列的初期形态，这时方可进入量价的判断来决定是否进行抄底操作。

图4-17　联创电子-日线图

（2）当CCI底部回升信号和辅助指标的助涨确认后，量价必须在到了明显放量上涨、持续放量上涨、温和放量上涨、底部堆量后上涨四种量价齐升形态中的任意一种时，方为量价买点信号，才能买入股票。

如图4-17中的A区域，当CCI与MA底部回升信号明显时，量价表现为明显放量后持续放量上涨的量价齐升，应果断买入股票。

实战应用指南：

（1）在结合量价进行CCI底部回升信号的抄底操作中，一定不要忽略辅助指标的助涨判断，以确认CCI底部信号是否成立，否则量价再符合标准，也不可贸然抄底操作。

（2）当CCI底部回升信号形成时，同时也得到其他辅助指标的判断时，量价必须形成明显放量上涨、持续放量上涨、温和放量上涨、底部堆量后上涨四种量价齐升形态中的任意一种时，方为抄底的买点信号。

（3）当CCI处于常态区的宽幅震荡时，如果是低吸中的抄底，应在KDJ满足底部回升的买入信号时，允许量价表现为量价齐升中的量能略小状态的股价上涨，也就是只要表现为阳量状态的阳线上涨即可。

4.3.4　底背离结束，CCI缓慢上行勿抄底

根据CCI底部回升形态判断股价止跌回升时，如果形成CCI底背离时，一旦结束背离后的CCI与股价同步向上运行时，CCI表现为缓慢向上运行时，一定不要贸然抄底买入，虽然此时股价已经出现告别底部的回升，但由于上涨状态不是十分明显，后市不一定会形成快速转强，所以不应抄底。

CCI底背离后缓慢上行不抄底时的原因：

（1）当CCI底背离出现时，尤其是较长时间的CCI震荡上行、股价震荡下行的底背离期间，一旦结束背离时，CCI表现为上行缓慢，则股价也会表现为上行缓慢，所以，可能是继续背离弱势震荡的表现，并不一定意味着CCI底背离已经结束。

　　如图4-18所示，双鹭药业（002038）中的A区域，股价震荡走低、CCI却震荡走高，形成CCI底背离，尽管底背离时间并不短，但仍然不要轻易抄底。

图4-18　双鹭药业-日线图

　　（2）当CCI底背离结束时，若CCI呈缓慢上行，虽然可以证明底背离已经结束，但弱势状态下的一次底背离，并不能说明趋势已经转强，所以，只要量能未形成CCI底背离+大角度上行的量价齐升，即不应过早抄底。

　　如图4-18中A区域的CCI底背离后，B区域表现为股价的小幅震荡缓慢上行，成交量始终为小阳量居多的状态，所以不应抄底。

　　实战应用指南：

　　（1）CCI底背离后缓慢上行，是指CCI与股价同步向上时，均表现为缓慢向上运行，所以，成交量在此期间表现为并不明显的持续小阳量，或是略长的阳量柱，但并未达到买点要求的量价水平，因此不可贸然抄底。

　　（2）CCI底背离后缓慢上行出现时，只有形成符合量价买点要求的量价齐升时，表现为CCI底背离+大角度上行的形态，并符合辅助指标的助涨要求时，方可买入股票。

　　（3）CCI底背离后缓慢上行出现后，如果不形成明显的CCI底部回升的强势信号，以及强势的辅助指标的助涨形态，均不可贸然买入。因为CCI底背离后缓慢上行经常出现在弱势震荡时间，并不表明底背离后股价已真正转为强势。

第 5 章

买点信号：量价是判断CCI底部是否成立的征兆

当CCI与辅助指标发出明显的底部回升信号时，并不一定就会构成趋势的真正快速转强，因为牛股的短期快速由弱转强，必须得到量能的配合，才能真正出现走出底部实现快速回升。因此，量价形态是判断CCI底部是否成立的重要依据。

5.1 量价与CCI底部信号的关系

5.1.1 量价齐升，CCI走出底部的强势表现

CCI底部信号，只是通过CCI这一指标确认了股价有转强的征兆，同时通过辅助指标的判断来确认这种趋势转强是否成立，但股价是否真正能够转强，还必须从市场供求关系来最终确认。只有当供求关系形成买入量远大于卖出量的明显变化时，才会造成趋势的转强。因此，量价齐升才是CCI走出底部的最强势表现。

量价齐升具体表现：

量价齐升，就是指股价在上涨的过程中，成交量也表现为阳量的放大，所以量价齐升又被称为放量上涨。这种形态一出现就代表股价的上涨，得到市场的认可，资金以买入量远大于卖出量的明显优势出现，所以会促使股价向更高价位移动，以促成交易。

简单地讲，量价齐升表现为阳线上涨中，成交量表现为阳量柱的明显较长。但形成买点的量价表现为明显放量上涨、持续放量上涨、温和放量上涨和底部堆量后上涨四种形态。

如图5-1所示，TCL科技（000100）在A区域，当CCI发出大角度向上远离的底部回升信号时，均线表现为多头排列初期，K线明显为阳线上升，成交量也表现为温和放量中的明显放量，量能远高于之前弱势的量能，所以，温和放量上涨的量价齐升，最终改变原有的弱势格局，促成趋势反转。

判断量价齐升的方法与要求：

（1）日线图或30分钟图等周期图上，K线为阳线，明显高于之前的K线时，为价升；量柱为阳量，明显或持续保持高于之前的量柱水平时，为量升。合在一起，即为这一周期图上的量价齐升。

图5-1　TCL科技-日线图

（2）量价齐升出现在分时走势图上时，股价线呈持续向上运行的状态，下方分时量柱只要表现为明显的较长量柱时，即为量价齐升的分时图买入时机。

（3）根据量价齐升确认CCI底部回升时，必须在日线图上达到明显放量上涨、持续放量上涨、温和放量上涨和底部堆量后上涨四种形态中的任意一种时，才会形成底部反转的买点信号。但如果其间分时图上表现为股价线大角度上行的区间放量的标准时，则为分时图量价齐升的介入点。

5.1.2　无量上涨，CCI底部不夯实

当CCI形成了底部形态后，如果股价出现明显的回升，但成交量却未得到响应，即出现无量状态的小量，说明股价的短时上涨并未得到市场资金的关注，跟风买入，所以才造成了股价上涨的无量结果。

因此，无量上涨一出现，说明股价的持续上涨缺少动能，是CCI形成的底部震荡形态，也是CCI底部不夯实的表现。

无量上涨的具体表现：

无量上涨出现时，K线表现为阳线，与之前的K线相比，呈上升状态；成交量表现为阳量柱，保持在明显极小的状态，通常为大幅缩量上涨、小阳量温和上涨两种形态。

如图5-2所示，宜华健康（000150）在弱势中进入A区域，CCI表现为大角度向上远离，5日均线也转为上行，K线虽然表现为持续上行，但成交量表现为当前水平的持续阳量，为小阳量温和上涨，属于一种量能不充足的无量上涨，说明股价的底部不夯实，所以，其后股价未能出现反弹或反转。

图5-2　宜华健康-日线图

判断无量上涨的方法与要求：

（1）日线或周线等K线图上，无量上涨表现为：阳量柱保持在较低水平的较短阳量柱，并不是真正的无量，K线为上升阳线时。

（2）分时图上的无量上涨，主要表现为缩量上涨，股价线在向上运行的过程中，成交量柱表现为极短的小柱线，方可确认为无量状态。

（3）在分时图上，经常会出现股价线在上行中形成短时的一字横盘，若是下方无分时量柱线，即表明在这一时间未达成交易，才是真正的无量上涨，也是上涨乏力和上涨过程中无资金追高买入的表现。

（4）如果在日线图上，阳量表现为极短的量柱时，股价表现为涨停阳线，或是一字涨停板，则说明股价因为快速涨停而导致盘中无法成交，所以，这种涨停阳线或一字涨停板的出现，不可确认为无量上涨，而是股价短期强势上涨的表现。

5.2　买点的量价信号

5.2.1　明显放量上涨，最强的CCI底部回升买点

明显放量上涨，是CCI形成底部回升形态时一种量价最强的买点信号。因为明显放量上涨的出现，说明盘中资金均在积极以较高的委托卖出价就高买入股票，才能促成交易，所以造成了高价买入与卖出量的放大，因此最能说明CCI底部回升形态的强势，所以是最强的CCI底部回升买点。

明显放量上涨具体要求：

（1）上涨，是指K线为阳线的上涨，或表现为低开高走的实体较长的阳线，或表现为跳空高开高收的实体较短的阳线，呈上升状态。

如图5-3所示，华数传媒（000156）在A区域，CCI发出大角度向上远离突破天线时，5日均线为大角度上行，K线为两根较长的涨停阳线，呈上升状态，为放量上涨中的上涨。

图5-3　华数传媒-日线图

（2）明显放量，是指成交量柱为阳量状态下，其长度明显要高出之前的量柱水平。如图5-3中的A区域，K线上涨的同时，成交量中第二根阳量柱表现为明

显高出之前量柱水平的阳量，为明显放量。

综合以上两点内容，可确认A区域出现CCI底部回升信号的明显放量上涨的买点信号，为最强的买点信号，应果断在第二根阳线涨停前买入股票。

实战注意事项：

（1）明显放量上涨属于量价齐升形态中短期最为强势的一种表现，所以也是股价短期内快速上涨时最直接的一种方式，但若是未形成CCI底部回升形态及其他指标的助涨时，则并不一定会构成买点。

（2）根据明显放量上涨买入股票时，如果在明显放量上涨中的成交阳量柱表现为极长，形成巨量或是天量阳量柱，则不能即刻买入，即使股价出现涨停阳线，也不可抢板买入，应持续观察，看是否能够保持这种大量状态的上涨时，也就是持续放量上涨时，再买入。

（3）明显放量上涨，是通过单根阳线与单根阳量来判断量价齐升的买点，所以在判断明显放量上涨的"明显"时，要掌握好一个放量的度，通常在量能较低水平的长期弱势状态下，明显放量时，成交量至少要高出前期量能水平的一倍时，方可确认。若是在高水平状态下，只要阳量柱表现为较前期阳量高时，即可确认明显放量。

5.2.2 持续放量上涨，坚实的CCI底部回升买点

当CCI形成底部回升形态时，如果量价表现为持续放量上涨时，说明这只股票在当前持续受到市场的关注，以至于成交接连出现放大，股价上涨。所以，相对于明显放量而言，尽管持续放量上涨中的单根阳线阳量的量能水平和股价上涨幅度，或小于明显放量上涨，但因为是股价持续上涨的状态，若是将持续放量上涨的阳线上涨幅度，以及阳量柱叠加在一起，通常会高于明显放量的状态，所以更能证明股价短期上涨的可持续性，因此是CCI底部回升时最为坚实可靠的一种量价买点。

持续放量上涨的具体要求：

（1）持续放量，必须至少要有两根或以上的阳量柱时方可确认，且第一根阳量柱至少要明显小幅高于之前的低量水平，后一根允许略低于第一根阳量柱，但必须保持在相近的水平。

如图5-4所示，申万宏源（000166）在A区域和B区域，当CCI与MA均发出买入信号时，A区域成交量表现为三根阳量柱，B区域表现为两根阳量柱，均明显要高于之前的量柱水平，所以为持续放量。

图5-4 申万宏源-日线图

（2）上涨，是指K线至少有两根或以上时，表现为持续的上升阳线。如图5-4中的A区域与B区域，阳线呈持续上涨状态，为上涨。

综合以上两点内容，可确认A区域和B区域均符合CCI买入信号时持续放量上涨的买点信号要求，买点较为坚实，均应买入股票。

实战注意事项：

（1）在持续放量上涨出现时，只有形成CCI底部回升形态，以及其他指标的助涨形态时，持续放量上涨方可证明为买点，因为没有量价技术形态的强势支撑，单纯的量价齐升难以保证股价的强势能够持续，如背离状态下的持续放量上涨，就是震荡走强的短线强势行为。

（2）如果是长期弱势下低量水平出现的CCI底部回升形态时，若持续放量上涨中的首根阳量柱放量并不十分明显时，则两根放量阳量柱的阳线上涨难以准确地判断出强势，除非是盘中出现涨停阳线，否则就应继续观察，只有能够持续最少三根这种状态的阳量柱时，方可确认。

（3）如果在持续放量上涨中，第一根为格外放量上涨中的巨量阳量，只要后一根阳量保持大量水平时，即可确认为持续放量上涨。

5.2.3　温和放量上涨，缓慢的CCI底部回升买点

温和放量上涨，在CCI缓慢底部回升形态中经常出现，虽然在此期间看似股价上涨中的放量不太明显，但如果持续时间较长且叠加到一起时，也是一种明显的放量上涨或持续放量上涨，只不过是这种上涨将股价转强的特征放缓慢了。因此，温和放量上涨同样是一种股价持续缓慢转强时的量价买点信号。

温和放量上涨的具体要求：

（1）温和放量，主要是指成交阳量的温和放大，表现为第一根阳量柱较之前的量柱水平略长，其后的阳量柱又表现为阶梯式的后一根要比前一根略高的小幅变长，但必须至少要有三根阳量柱时，方可确认。

如图5-5所示，川能动力（000155）中的A区域，成交量有四根小的阳量柱，左侧第一根阳量明显要高于之前B区域的量柱水平，其后的三根阳量保持后一根高于前一根的温和放量。

（2）上涨，同样是指K线的阳线上涨，表现为明显的上升阳线，实体可长可短。如图5-5中的A区域，K线表现为小阳线的明显上涨。

综合以上两点内容，可确认在A区域CCI发出突破+100的强势买入信号期间，均线也转为多头排列期间，形成温和放量上涨的量价买点信号，应及时买入股票。

图5-5　川能动力-日线图

实战注意事项：

（1）当温和放量上涨出现时，同样必须确保CCI形成明显的底部回升的买入形态，同时必须得到辅助指标的助涨要求时，温和放量上涨才能构成买点。

（2）在温和放量上涨时，主要是指成交阳量柱的温和放量形态，呈节节升高的变化，所以至少要保持三根或以上的阳量柱时，方可确认。

（3）当温和放量上涨出现时，通常K线不会表现为温和上涨，因温和放量期间，说明当前主力已经发动上涨，只是未吸引到大量跟风资金的介入，但如果股价也出现温和上涨时，则可能是主力在震仓洗盘。所以在温和放量上涨后，往往会出现明显的放量上涨，或是股价形成的涨停阳线，甚至是一字涨停。

5.2.4　底部堆量后上涨，最牛的CCI底部快速回升买点

底部堆量后上涨，是CCI形成短期底部回升时的一种量价形态，由于股价在底部出现堆量，所以是主力短期快速介入的征兆，一经在其后出现上涨，则股价短期的上涨是十分凶猛的，经常以快速涨停出现，成为牛股快速启涨的量价买点。

底部堆量后上涨的具体要求：

（1）底部堆量，是指股价在弱势的低位区，成交量柱突然持续变得较长，形成

小山一样的量堆，K线表现为横盘小幅震荡，实体较长，甚至是具有较长的影线。

如图5-6所示，大亚圣象（000910）在弱势下跌中的低位区，成交量突然持续明显放大，形成一个像小山一样的量堆，股价表现为小幅震荡，为底部堆量。

图5-6 大亚圣象-日线图

（2）上涨是指K线在堆量震荡滞涨时突然出现明显上涨，只要成交量表现为上升阳线，即确认上涨。如图5-6中A区域底部堆量后的B区域，K线出现阳线上涨。

综合以上两点内容，可确认B区域形成CCI突破天线、均线多头排列的底部堆量后上涨的量价买点信号，为牛股的买点，后市短期发动一轮快速上涨的概率极高，应果断重仓买入股票。

实战注意事项：

（1）底部堆量后上涨出现时，同时必须形成CCI底部回升形态的买入信号，并得到其他指标的助涨要求后，方可确认为买点信号。

（2）当底部堆量后上涨出现期间，也就是成交量表现为量堆时，盘口信息中的日换手率也会持续得极高，至少在5%以上，甚至是保持在10%或20%以上，也就是持续保持高换手率状态。

（3）根据底部堆量后上涨操作股票时，切记一点，就是如果目标股为上市不足一年的次新股时，应谨慎根据高换手率来买入，因为次新股期间，股票一直保持在较高的换手水平上，只有老股票在常态下表现出底部堆量后上涨时，方为强烈的买点信号。

（4）底部堆量后上涨中的底部堆量，形态上属于一种放量滞涨，只不过是发生在股价弱势状态的低位区，因此，买入时一定要选择在底部堆量后的阳量上涨时买入，以防止堆量后的快速转跌变盘。

（5）底部堆量后上涨类的股票，通常是牛股快速启涨前的蓄势行为，其后的上涨往往是持续的、迅速的，短期涨幅也极为可观，所以，在买入时要结合分时图的快速上涨形态，提早买入股票，以免因股价的快速涨停和其后的持续涨停而导致无法参与。

5.3　四种量价异动买点信号

5.3.1　巨量上涨，量能过猛易回落

巨量上涨，如果只从形态上来看，符合单根阳线与单根阳量柱的明显放量上涨要求，只不过是明显放量上涨的一种放大版或夸张版变形，所以属于一种量能过大的表现。而世间万物均表现为物极必反，巨量上涨同样是这个道理，其后一旦量能无法持续放大，意味着CCI底部回升形态的失败，所以是一种量能过猛时的异动量价买点，不可贸然买入。

巨量上涨的具体形态：

巨量上涨出现时，主要表现在K线上涨时，成交量柱虽然表现为明显量柱较长的状态，但要远远高于之前的量柱水平，至少在整个成交量显示区域，到达一半以上的状态，甚至是向上到达顶部，形成天量阳量。

如图5-7所示，*ST天马（002122）在弱势中，A区域CCI发出大角度突破天线、短期均线金叉的买入信号时，股价出现明显的阳线上涨，成交量也表现为一

根明显高于之前量柱水平，即将到达区间顶部，为巨量上涨，这时应拒绝买入，因为属于量能过猛的量价异动。

图5-7　*ST天马-日线图

实战注意事项：

（1）巨量上涨出现时，往往是CCI底部回升的信号，辅助指标的助涨形态均符合买入要求，这时更容易引起投资者的操作失误，尤其是喜欢提前买入股票的投资者。因此，在买入股票时，一定要遵守慢一步的交易原则。

（2）巨量上涨的量价买点形成时，如果只从成交量的状态观察即可，通常这根巨量阳量柱要明显长于之前的所有量柱，甚至是高于之前上涨期间的所有高量水平。

（3）巨量上涨出现时，通常也会伴随着突然放大的换手率，如之前的日换手率在1%以内，但巨量上涨时的日换手率会达到5%左右，甚至是更高水平，所以一定要小心。在买股期间、持股期间和卖股期间，都要遵从一个原则：量价异动要小心。因为只要是量价出现异动，必然会导致快速变盘的出现。

5.3.2　缩量上涨，量能不足难持续

当CCI形成底部回升信号时，一旦量价表现出缩量上涨，说明股价的上涨并没有吸引到市场资金的关注，所以才导致买入量的减少。因此是一种量能不足的表现，意味着其后股价难以出现持续快速上涨，缩量上涨时是量价异动时买点不

明显的征兆，不应买入股票。

缩量上涨的具体形态：

缩量上涨，同样是K线为明显的阳线呈上升状态，成交量表现为低于之前量能水平的较短阳量柱。

如图5-8所示，天邦股份（002124）在持续大幅下跌的A区域，股价出现持续上涨时，成交量却出现明显的缩量，属于缩量上涨的量价异动，所以，尽管CCI出现大角度向上远离，也不应买入股票。

图5-8　天邦股份-日线图

实战注意事项：

（1）缩量上涨只有出现在CCI底部回升信号后，同时又满足其他指标的助涨要求时，最容易让投资者忽略，是一种量价买点不明显的情况，所以，无论CCI底部回升信号与辅助指标的助涨形态再标准，也要坚决采取不买入的策略。

（2）缩量上涨大多数的时候会出现在买点形成之初，但是其后形成符合量价买点要求的量价齐升时，方可买入股票，但切记不要在缩量上涨时提前买入，因为其后若不形成量价齐升，则股价必然出现转弱的走势。

（3）如果在上涨趋势调整行情结束时出现缩量上涨，属于股价止跌回升初期，但同样要达到放量上涨标准时，方可买入股票。否则就应始终保持持币观望。

5.3.3 放量滞涨，启涨形态易夭折

当CCI形成底部回升的买入信号时，尤其是股价在低位区略上涨后出现放量滞涨，一定要引起注意，放量滞涨同样是一种量价异动形态，代表盘中出现诡异的行为。因为在放量的情况下，阳量居多时股价会上涨，阴量居多时股价会下跌，不涨不跌就说明后市即将变盘，所以，此时一定要看清股价运行的方向转变再操作，一旦发生向下变盘时，就应保持持币观望的态度。

不买入的放量滞涨形态：

（1）股价在长期弱势中略走高后出现量柱较长、股价滞涨，经常出现在短线看似上涨的初期，也就是股价涨幅并不太大的时候，在此期间，阴量柱与阳量柱可以参半，保持大量水平；阴线与阳线也可以间或出现，但上涨状态不明显。

如图5-9所示，天津普林（002134）在弱势状态中，C段走势出现小幅上涨后，A区域虽然形成放量上涨，但B区域量柱持续保持大量水平下，股价出现震荡滞涨，所以属于低位略走高的放量滞涨异动，不应买入股票。

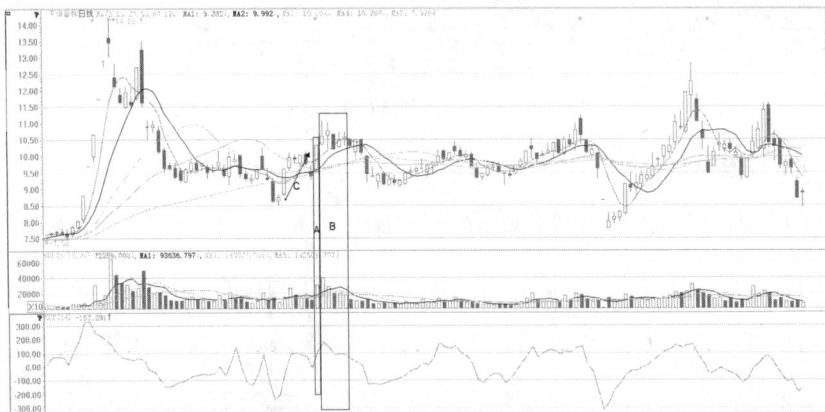

图5-9 天津普林-日线图

（2）在上涨趋势高位区出现一定幅度的调整后出现时，一旦形成CCI底部回升信号，以及辅助指标的助涨形态时，最容易引起投资者的误会，以为股价再次发动上涨，实质上这种形态与高位放量滞涨一样，往往是趋势转跌前主力维持高位出货的征兆。

如图5-10所示，麦达数字（002137）在A区域，经过A段走势的明显持续上涨后，B区域的高位区，CCI形成超买区的震荡走高，均线也表现为多头排列，股价却在震荡滞涨中保持大量水平，所以，同样属于高位放量滞涨的异动，不应买入股票。

图5-10　麦达数字-日线图

实战注意事项：

（1）CCI底部回升信号与其他指标的助涨形态形成期间出现的放量滞涨，是最容易引发投资者买入失误的一种信号，因为这种形态与底堆量后上涨形态中的堆量极为相似，尤其是在股价底部略上行后出现时，更容易让人误以为是底部堆量。

（2）从形态上观察，放量滞涨中的放量与底部堆量极为相似，但这种相似也只是量能上均较高的量柱，只不过在堆量出现时，是突然在极小量状态下形成的小山一样在某一较短时期的集中堆量，而放量滞涨往往是出现在量能柱较高水平下的放量滞涨。

（3）一些长牛股的阶段性顶部，经常出现量能突然放大的股价滞涨，形态上更类似于堆量，但属于高位放量滞涨，所以在分辨不买入的放量滞涨时，事实上只要根据股价的当前位置，就很容易区分开。

（4）所有的放量滞涨，或是大量状态的股价滞涨，都属于一种量价异动，所以，在实战操作中，只要坚持一条原则即可，即放量滞涨只有出现在低位区，其后形成快速向上变盘时，方可买入，其他任意情况下出现，都要采取不买入和回避的态度。

5.3.4 小阳量温和上涨，量小难启涨

小阳量温和上涨，在CCI形成底部回升信号和其他指标的助涨形态后，也会经常出现，是一种量价买点不明显的表现，所以也属于一种量价的异动。因为在多数时候，小阳量温和上涨与温和放量上涨的量价形态极为相似，且从字眼上猛地一看，好像区别也不大，但事实上，小阳量温和上涨却说明阳量太小，根本无法实现股价的持续上涨，所以是一种股价弱势震荡的征兆，不应买入。

小阳量温和上涨的形态要求：

在小阳量温和上涨中，成交量表现为较小的持续阳量柱，温和上涨是指K线表现为实体较短小的阳线上涨，上涨幅度较小时，经常表现为阳十字星，或是看似实体持续向上的小阳线，但上涨幅度并不大。

如图5-11所示，东华科技（002140）在弱势中进入A区域，K线表现为实体较短的小阳线上涨，成交量却表现为持续小幅放量的状态，但保持当前较低的水平，为小阳量温和上涨，尽管CCI发出大角度向上远离突破天线的行为，MA也出现短期均线金叉，但因为量价表现为小阳量温和上涨的异动，说明后市难以启涨，所以不应买入股票。

图5-11　东华科技-日线图

实战注意事项：

（1）小阳量温和上涨往往出现在CCI底部回升信号和其他指标助涨形态明显时，让投资者误以为是量价齐升，但判断的关键在于小阳量，只要发现阳量出现时，量柱未出现明显变化，即可确认为小阳量。

（2）在小阳量温和上涨中，不能出现一字涨停板的小阳量缩量，因为一字涨停板意味着股价的强势。

（3）小阳量温和上涨的另一个明显特点是K线的温和上涨，也就是阳线上涨的幅度不大。但如果是小阳量状态下，K线表现为明显的阳线上涨时，更容易对投资者造成误解，认为形成量价齐升，尤其是持续小阳量出现时。

（4）小阳量温和上涨与温和放量上涨的最大区别在于，温和放量上涨中，第一根阳量柱要略高于前期的量柱，且最后一根阳量柱要明显高于之前的量柱水平，温和放量上涨中的阳量柱呈后一根略高于前一根的温和变长状态。而在小阳量温和上涨中，小阳量与之前的量柱在同一水平，无明显变化或变化不大，且其后的持续小阳量，阳量柱或略长或略短，始终保持在之前的低量水平。

5.4　实战要点

5.4.1　CCI底部回升明显、量价买点不明显，勿买入

在实战中，当观察到目标股形成明显的CCI底部回升信号时，同时也得到辅助指标的助涨验证后，一旦量价买点不明显时，就要始终坚持不买入的策略。因为这种情况说明量价不支持技术指标的强势特征，也就是技术指标的强势特征，没有得到量价的强势支持，所以说明股价不会出现彻底转强，不能买入股票。

形态具体表现：

（1）CCI底部回升明显，除了CCI指标要形成大角度向上远离、强势突破常

态区域、二次进入超卖区域的探底回升、常态区域的空中加油、CCI底背离+大角度上行五种底部回升信号中的任意一种时，还必须得到至少一个辅助指标助涨形态的确认，方为CCI底部回升明显。

如图5-12所示，贤丰控股（002141）中的A区域，CCI出现大角度上行突破天线的行为，MA也表现为多头排列，属于CCI底部回升明显的情况。这时就要及时观察量价形态。

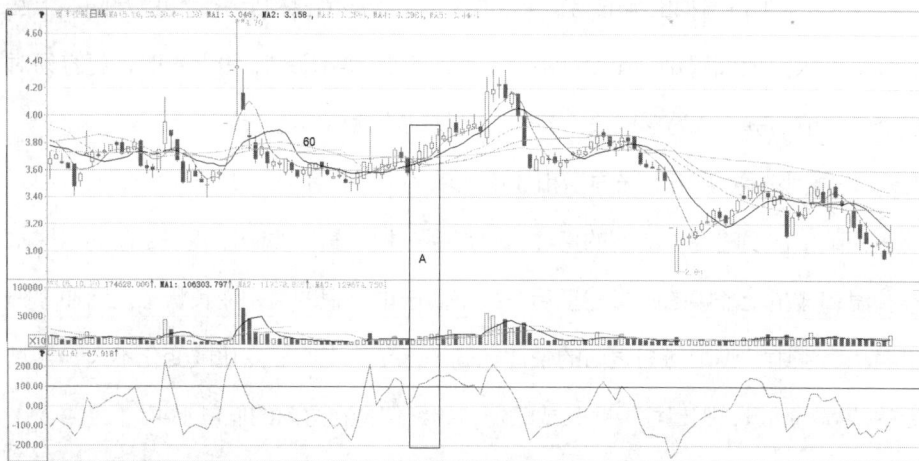

图5-12　贤丰控股-日线图

（2）量价买点不明显，是指量价未形成明显放量上涨、持续放量上涨、温和放量上涨、堆量后上涨四种形态中的任意一种时，表现为小阳量温和上涨、放量滞涨、缩量上涨三种量价异动形态中的任意一种时，均为量价买点不明显。

如图5-12中A区域的量价，虽然表现为阳量的温和放量，但量柱水平依然保持小阳量状态，为小阳量温和上涨，属于量价买点不明显。

综合以上两点内容，A区域的这种CCI底部回升与MA多头排列形态，由于量价不明显，所以属于一种震荡走强的表现，不应买入。

实战注意事项：

（1）在实战中，投资者一定要确保CCI底部回升信号明显时，得到其他指标的助涨确认后，同时也完全符合量价齐升的买点要求时再买入。只要发现量价出现丝毫勉强时，均不应买入。

（2）如果出现CCI底部回升明显、量价买点不明显的情况时，应坚持慢一步操作的交易原则，只有其后达到量价买点要求时再买入，若是未出现量价买点，则坚决不买入。

（3）当CCI底部回升明显、量价买点不明显时，一定不要抱着试试看的心态度去轻仓操作，因为这种行为属于一种错误的操盘，很容易让投资者放松买入要求，滋生出一系列的不良操盘习惯和心理。

5.4.2　CCI底部回升不明显、量价买点明显，勿买入

在实战中，当CCI底部回升不明显时，一旦量价买点明显时，也是最容易让投资者贸然买入导致失败的重要因素之一。因为CCI底部回升信号只要表现不明显时，说明股价的底部形态不够坚实，量价的异动上涨，只能是一种短期行为，无法保证买入后持续强势，所以一定要采取不买入的态度。

形态具体表现：

（1）CCI底部回升不明显时，表现为CCI未达到大角度向上远离、强势突破常态区域、二次进入超卖区域的探底回升、常态区域的空中加油、CCI底背离+大角度上行五种底部回升信号中的任意一种形态要求时，如CCI底背离+大角度上行中只发生CCI底背离，未形成CCI大角度上行，或是CCI底部回升信号未得到一种辅助指标的助涨要求时。

如图5-13所示，西部材料（002149）在A区域，CCI虽然位于超买区，但出现震荡略走低，MA虽然看似为多头排列，但60日均线依然明显下行，所以属于CCI底部回升不明显的情况。

图5-13　西部材料-日线图

（2）量价买点明显，是指量价出现明显放量上涨、持续放量上涨、温和放量上涨、堆量后上涨四种形态中任意一种量价齐升时。如图5-13中的A区域，量价表现为持续放量上涨，为明显的量价买点。

综合以上两点内容，可确认A区域出现CCI底部回升不明显、量价买点明显的情况，属于技术形态不支持上涨的量价震荡走高，不应买入。

实战注意事项：

（1）CCI底部回升不明显、量价买点明显最容易出现量价买点明显符合要求的情况下，CCI底部回升信号也出现，只是辅助指标的助涨形态未出现，这同样是一种CCI底部回升不明显的情况。所以，在判断CCI底部回升信号时，一定不要忽略其他指标的辅助判断这一环节。

（2）CCI底部回升不明显、量价买点明显出现时，对于那些主要根据量价变化操盘的短线投资者来说，最容易被忽略，虽然量价表现突出，但技术指标的回升形态不明显，也不能证明股价短期的强势，其后持续上涨的概率极低，操作很容易出现失败。

（3）在根据CCI操盘时，之所以需要通过其他指标的助涨判断，目的就是通过两个不同指标的判断，确认股价底部回升的成立，所以，CCI底部回升不明显、量价买点明显时，通常无法确认股价的技术底部形态。

第6章

持股信号：坚定持股的量价与CCI强势信号

在买入股票后，是否继续持股同样有着明确的CCI信号，但由于是短线操盘，必须学会在持股过程中如何看盘、持股看盘的关键，以确定是否应继续持股，这样才不会错过牛股的完整上涨波段，最终实现短期获利。

6.1 持股看盘的关键

6.1.1 CCI的运行方向

根据CCI底部回升信号和量价买入信号买入一只股票后，持股看盘的关键之一，就是CCI的运行方向，因为在股价强势状态下，看盘的关键就是CCI运行的方向，只有运行方向符合要求，才意味着股价的持续上涨。

通过CCI运行方向及变化判断股价强弱的方法：

（1）强势特征。CCI在常态下，均会表现为持续上行，或表现为小幅震荡上行。如图6-1所示，金刚玻璃（300093）中的A区域，股价在持续上涨中，CCI表现为小幅震荡上行，强势特征明显，保持持股。

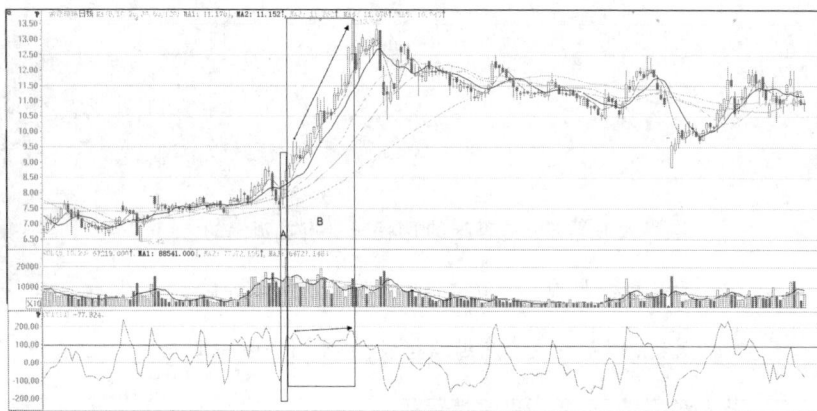

图6-1 金刚玻璃-日线图

（2）顶背离式上涨。在不形成量价卖点的情况下，CCI小幅向下、K线持续上行形成CCI顶背离上涨，就应坚定持股。如图6-2所示，智云股份（300097）中的A区域，股价在震荡上行中，CCI表现为震荡下行，为顶背离式上涨，应保持持股。

（3）短线转弱的空中加油。CCI小幅震荡下行中在天线+100之上，或是跌回常态区偏上位置，即转为震荡上行回到超买区，为盘中的小幅波动，应继续持股，或在空中加油时进行加仓操作。

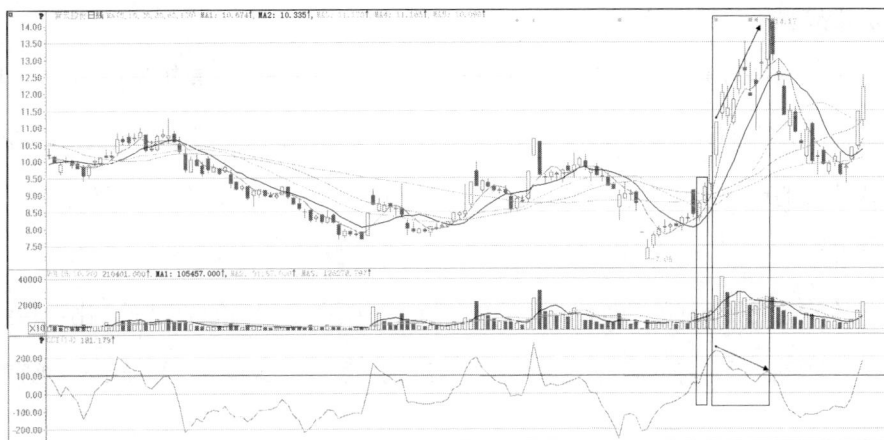

图6-2 智云股份-日线图

如图6-2中的A区域，CCI短时跌破超买区后又快速回到超卖区的形态，即是CCI空中加油的短线转弱再转强的形态，应保持持股。

（4）转弱形态。在不发生顶背离的情况下，一旦CCI形成大角度向下远离时，则表明趋势短线快速转为弱势。

如图6-3所示的华伍股份（300095），若在A区域买入股票，在持续上涨中，一旦进入B区域，出现CCI大角度下行的放量下跌，为转弱的形态，不应继续持股，应及时卖出。

图6-3 华伍股份-日线图

实战注意事项：

（1）在持股中观察根据CCI的运行方向，以决定继续是否持股时，首先应确保CCI是在不发生顶背离式上涨的前提下，CCI向上运行的状态才能成为继续持股的理由。所以，持股中观察CCI运行方向的关键，在于是否发生CCI顶背离。

（2）在持股中观察CCI的运行方向时，只要在不背离的情况下，出现持续上行或震荡上行，均为强势特征。但顶背离式上涨持续状态下，同样是一种强势特征。

（3）一旦在CCI不背离的状态下，出现大角度的向下远离，或是顶背离结束时的阴量下跌，即证明形成CCI弱势，就不应再继续持股。

（4）在持股中通过观察CCI的运行方向判断股价的强弱时，除了顶背离结束时跌破超买区的阴量下跌，所有CCI下行中的量价卖点，都会令股价形成弱势，就不应继续持股。

6.1.2　K线与5日均线的状态

由于根据CCI操作属于一种短线操盘，所以，除了CCI的运行方向，持续看盘中也要时刻关注K线的变化，以及K线与5日均线的关系，以决定股价的强弱状态，决定是否继续持股。

K线与5日均线判断股价强弱的方法：

（1）强势特征。当股价处于快速上涨时，往往是K线在5日均线上方，沿5日均线持续上行，允许其间K线瞬间跌破5日均线，但前提是未形成量价卖点，就表明股价处于强势状态。

如图6-4所示的乾照光电（300102），若在B区域买入股票，在A区域持股过程中，发现K线始终在5日均线上方沿5日均线上行，为强势特征的表现，应保持持股。

图6-4　乾照光电-日线图

（2）持续震荡上行的强势特征。当K线向下接近5日均线时，或围绕5日均线震荡上行时，不形成量价卖点，同样是强势的特征。

如图6-5所示，精准信息（300099）在A区域，K线持续上行，K线经常盘中向下接近5日均线，未形成卖点，所以为持续震荡上行的强势特征，应保持持股。

图6-5　精准信息-日线图

（3）短线调整形态。如果K线突然中止继续上行，5日均线出现上行渐缓，或是平行略下行时，为短线调整期间的征兆，一旦K线特征继续恢复K线在5日均线上方持续上行时，为结束调整转强的征兆。

如图6-6所示，顺网科技（300113）中在C区域买入股票，D区域出现5日均线平行的状态，为短线调整形态，其后很快恢复继续上行，说明股价短期调整结束，已转强，应继续持股。

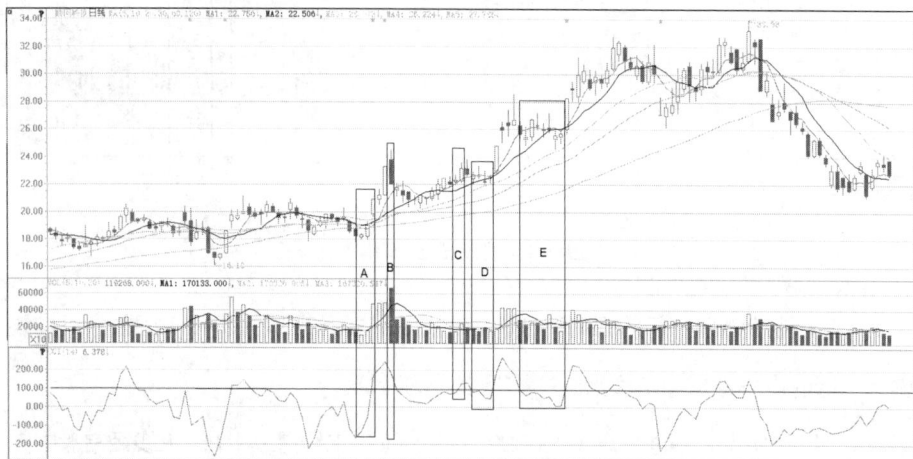

图6-6　顺网科技-日线图

（4）弱势特征。K线在5日均线上方或下方，不管5日均线是否形成转下行，只要形成大阴量、大阴线的量价卖点，即为转弱的征兆。如图6-6中在A区域买入股票，B区域5日均线虽然未转下行，但形成大阴量阴线下跌，所以为强势转弱的征兆，应卖出股票。

实战注意事项：

（1）在持股中通过K线与5日均线看盘的过程中，最为强势的特征，就是K线始终沿5日均线上方持续向上运行，此时5日均线为明显的向上不断加大乖离角度的上行状态。

（2）如果K线始终围绕5日均线向上持续运行，同样是强势特征，但这种形态说明盘中在股价上涨时始终存在一定的分歧，所以应时刻留意量价卖点的出现。

（3）当K线形成短时的调整时，不管是否形成空中加油，只要K线震荡中，

5日均线的向上方向不变，或者只是转为平行或小幅向下，不形成量价卖点，就应继续持股。

（4）通过K线与5日均线的状态看盘时，一定要时刻留意5日均线上行不变化的情况，只要形成大阴量状态的阴线，不管K线是站在5日均线上方，还是5日均线从中贯穿的阴线，或是直接在5日均线下方，均不应再继续持股。

6.1.3　量价是否为健康的上涨或整理状态

通过CCI买入股票后，在持股看盘中，量价的观察同样是一个关键点，因为只有健康的量价上涨形态，或是整理形态，才能确保继续持股的安全性。所以在持股看盘中，不能忽视的就是对健康的量价形态的判断。因为一旦这种健康的量价形态变得不健康，就会成为股价异动的征兆，就不应再继续持股。

健康的量价形态：

（1）日线图缩量下跌，股价未跌破关键位或5日均线，收盘在5日均线上方，或是缩量收盘在5日均线附近。

如图6-7所示的华策影视（300133），若A区域买入股票，B区域和C区域虽然收盘均低于5日均线，但出现缩量，且未跌破A区域启涨阳线的高点重要位置，所以属于日线图缩量下跌的健康量价形态，应坚定持股。

图6-7　华策影视-日线图

（2）分时走势图上一放量即上涨，一缩量即下跌；股价线在昨日收盘线附近、上方横盘震荡；或在昨日收盘线下方横盘震荡，但分时图与日线图上必须呈明显的缩量状态；如图6-7中B区域的分时走势图，即图6-8中的情况，虽然股价线处于低开的弱势，但D区域形成横盘震荡，A区域股价线一上行即放量，B区域和C区域震荡下跌时反而明显缩量，其后又维持到收盘保持缩量的横盘震荡，与D区域保持在同一位置，所以当天属于分时图健康的量价弱势整理状态，应坚定持股。

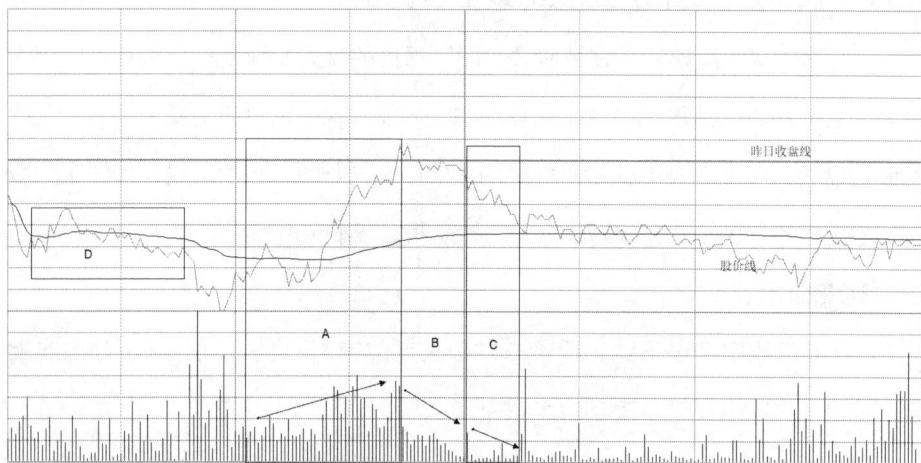

图6-8　华策影视-2019年12月23日分时走势图

实战注意事项：

（1）在持股看盘中，观察是否为健康的量价关系时，一定要通过日线图与分时走势图的综合观察来确定，原则上只要分时走势图上呈整理状态时，哪怕是宽幅震荡，只要是日线图呈明显的K线不跌破5日均线的缩量，即可安心持股，甚至是保持在5日均线附近，即可确认股价的强势状态。

（2）如果分时走势图上呈大幅低开横盘震荡时，若是日线图表现为明显的大阴量状态时，这时不管K线是否跌破5日均线，也不应再继续持股，尤其是股价在经过一定幅度的上涨后出现时，更应谨慎持股。操作原则是先行卖出。

（3）如果日线图上呈明显的阴量缩减状态，K线也表现为实体较短的阴线时，一定要谨防出现跌停阴线，或一字跌停板，这时应坚决不再持股，在跌停价上委托卖出，并在其后一旦打开跌停或次日开盘呈下跌时，即刻卖出。

6.2　坚定持股的量价与CCI信号

6.2.1　CCI小幅震荡上行的阳量缩减

在持股看盘中，一旦发现CCI在不背离的状态下，出现明显的阳量缩减时，说明只是盘中因股价的快速上涨异动导致的短期获利筹码的卖出，从而引发的股价短时波动，这时一定不要轻易卖出股票，属于股价快速上涨时一个明显的震荡上涨状态，应坚定持股。

形态要求：

（1）CCI小幅震荡上行的阳量缩减出现时，从量价表现来看，属于一种缩量上涨行为，但由于股价快速上涨期间主力处于筹码高度集中状态，所以只要股价表现为明显的上涨状态时，即应安心持股。

如图6-9所示，泰胜风能（300129）A区域的上涨中，先后两次表现为阳量缩量上涨状态，应安心持股。

图6-9　泰胜风能-日线图

（2）CCI小幅震荡上行的阳量缩减期间，CCI表现为缓慢上行或震荡上行，K线表现为在5日均线上方附近或上方持续阳线上行，允许其间出现短时跌破5日均线，但必须又快速出现探底回升，也就是允许阳线存在较长的下影线。如图6-9中的A区域，缩量上涨期间，CCI保持小幅缓慢上行。可确认为CCI小幅震荡上行的阳量缩减。而B区域虽然同样为阳量缩减，但阳线未表现为上涨，且CCI表现为下行，所以不符合要求，其后一旦量价齐跌，应中止持股，果断卖出。

实战注意事项：

（1）CCI小幅震荡上行的阳量缩减出现时，CCI表现为缓慢上行或震荡上行，缩量中的量柱与之前的量柱比较，明显较短，但通常会保持大量水平。

（2）CCI小幅震荡上行的阳量缩减期间，如果是阴量缩减中，K线为涨停阳线或一字涨停板，更应坚定持股，因为是股价快速涨停无法成交导致的缩量。

（3）在CCI小幅震荡上行的阳量缩减形态中，必须确保K线为上升阳线时方可继续持股。如果K线表现为高点低于之前上升阳线的高点时，即形成抱线，应引起注意，这时即使是呈现大量甚至放量水平，其后一旦形成量价齐跌时，也应中止持股，卖出股票。

6.2.2 CCI上行的放量上涨

CCI上行的放量上涨是持股过程中最为强势的一种CCI与量价形态，所以一经出现，即应安心持股。在这种状态下，股价的短期快速上涨还处于上涨中途的坚挺上涨中，千万不可卖出股票。

形态要求：

（1）CCI上行的放量上涨，大多出现在刚刚买入股票后不久的时候，CCI可以表现为大角度上行，也可以表现为缓慢的震荡上行，这时只要观察CCI是处于上行状态即可。

如图6-10所示的英唐智控（300131），在买入这只股票后，A区域CCI处于缓慢持续上行的状态，就要及时观察量价表现。

图6-10　英唐智控-日线图

（2）CCI上行的放量上涨，通常表现为K线阳线上涨状态的成交量阳量小幅放量，是一种健康的放量上涨状态，所以这种放量上涨最为稳健。如图6-10中的A区域，股价持续阳线上涨中，成交量为阳量，保持持续放大的状态。

综合以上两点内容，可确认A区域为CCI上行的放量上涨状态，应保持长期持股。

实战注意事项：

（1）CCI上行的放量上涨出现时，安心持股的情况主要是确保两种形态：一是CCI处于上行状态，不用管这种CCI上行的角度的大小，只要上行即可；二是放量上涨的形态。

（2）当CCI上行的放量上涨出现时，判断放量上涨时，标准的放量上涨是只要量柱变长的同时股价上涨，但如果成交阳量略缩量时，只要保持当前的大量水平，仍然应确认为放量上涨。

（3）在CCI上行的放量上涨期间，如果出现阳量的明显缩减，但股价出现涨停，这时即使放量不明显，也属于放量上涨。但如果是放量上涨中阳量柱形成巨量时，一定要引起注意，一旦大量无法持续时，必然转为快速下跌，所以看盘时一定要注意这种巨量上涨。

6.2.3 CCI高位震荡上行的阴量缩减

CCI高位震荡上行的阴量缩减，是一种股价在快速上涨趋势中经常出现的短时间歇，因为阴量的出现与明显缩量，说明盘中虽然出现短期获利筹码的兑现，但并未引发大量抛售，反而是这种CCI震荡上行中的缓慢间歇，更有利于其后的上涨。因此，同样是一个坚定持股的量价与CCI形态。

形态要求：

（1）CCI高位震荡上行的阴量缩减形态中，必须确保CCI是处于超买区的震荡向上运行状态，这是确保股价强势的基础。如图6-11所示，宋城演艺（300144）中的A区域，股价在上涨中，CCI一直保持在超买区的高位震荡上行状态。

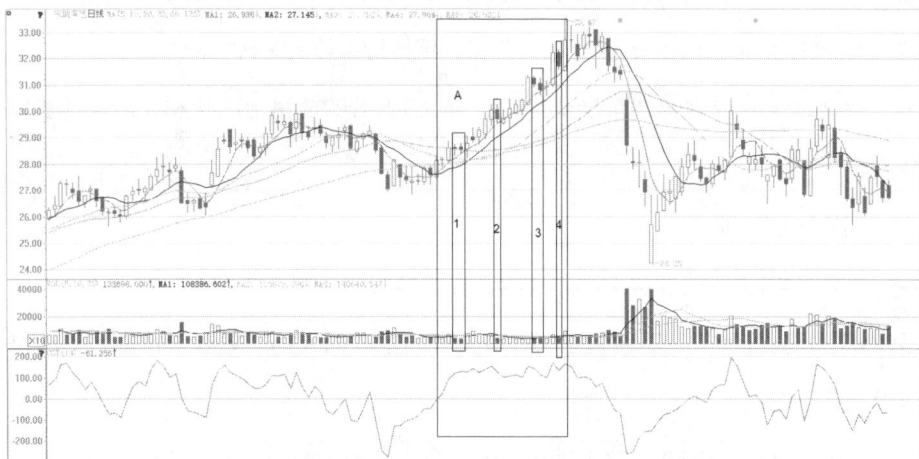

图6-11　宋城演艺-日线图

（2）CCI高位震荡上行的阴量缩减出现时，在大多数时候会出现大幅缩减，但必须确保很快恢复阳量上涨，也就是说阴量缩减的时间不能过长，通常为一两个交易日，若时间长到三个交易日左右时，必须形成阴量柱阶梯式的大幅缩减、K线小幅震荡时，方可继续持股。如图6-11A区域内的1、2、3、4区域，股价为阴量期间，一直保持阴量的缩减。

综合以上两点内容，可确认在A区域出现CCI高位震荡上行的阴量缩减，应坚定持股，不要轻易卖出。

实战注意事项：

（1）CCI高位震荡上行的阴量缩减出现时，是股价在快速上涨时一种短时的间歇或震荡调整，所以原则上是时间越短越、阴量缩减越明显越理想，大多数时候只会是一个交易日，但最好不能超过三个交易日，因为时间一长极易引发变盘。

（2）当CCI高位震荡上行的阴量缩减出现时，往往阴线为实体较短小的小阳线或小阴线、十字星，呈水平小幅震荡状态，5日均线也会呈继续上行，或小幅向上的角度略缓，通常不会转为下跌，否则就会累积成量价齐跌。

（3）CCI高位震荡上行的阴量缩减出现时，允许K线跌破5日均线，甚至是收盘在5日均线之下，但必须确保这种阴量缩减的快速结束，K线很快又回到5日均线上方，否则就会极易引发变盘。

6.2.4　CCI在超买区域顶背离的量价齐升

CCI在超买区域顶背离的量价齐升，是股价在快速上涨期间经常出现的一种上涨方式，主要是由于股价短期的快速上涨所引发的CCI背离，属于背离式上涨，所以，只要量价齐升状态明显，就不可以卖出股票，保持继续持股状态。

形态要求：

（1）CCI在超买区域顶背离的量价齐升出现时，CCI处于+100之上的超买区，呈震荡向下运行的状态，K线却依然保持持续上行，即形成CCI顶背离。如图6-12所示，中金环境（300145）在A区域，CCI持续下行、K线持续上行，为CCI顶背离状态。

（2）CCI在超买区域顶背离的量价齐升形成时，量价齐升表现为K线的持续上涨和成交量为阳量的相对大量状态即可。如图6-12中的A区域，K线上涨的同时，成交量保持大量状态的阳量，为量价齐升。

图6-12　中金环境-日线图

综合以上两点内容，可确认A区域为CCI在超买区域顶背离的量价齐升状态，应坚定持股。

实战注意事项：

（1）CCI在超买区域顶背离的量价齐升出现时，是CCI在严重超买状态下的一种顶背离，虽然顶背离意味着股价即将转跌，但股价在极强的状态下，也会经常表现为一种顶背离式上涨，所以只要是股价处于量价齐的状态，就说明顶背离尚未结束，应安心持股。

（2）CCI在超买区域顶背离的量价齐升出现时，CCI顶背离必须出现在超买区内，通常是不会跌破超买区的，因为一旦CCI回落到常态区域，意味着股价的超买状态结束，那么，CCI背离式上涨也将结束。但这一点并不是绝对的，只要是股价依然保持量价齐升的上涨，即说明涨势未止。

（3）CCI在超买区域顶背离的量价齐升期间，量价齐升的判断与买点时的状态是不同的，只要保持阳量状态的K线上涨即可。

6.2.5　CCI快速上行的缩量涨停

CCI快速上行的缩量涨停，是一种股价短线处于极强状态的CCI与量价形态。由于股价的快速涨停，所以会导致许多买盘无法成交，进而形成明显的缩量。因此，CCI快速上行的缩量涨停一旦出现，轻易不要卖出股票，应保持坚定持股。

形态要求：

CCI快速上行的缩量涨停期间，CCI向上运行的水平角度往往处于大角度上行状态，缩量涨停可以表现为阳量大幅缩减的涨停阳线或涨停T形线，也可以表现为大幅缩量的一字涨停板。

如图6-13所示，香雪制药（300147）中的B区域，CCI保持大角度上行，K线为涨停T形线。因此，可确认这一区域形成CCI快速上行的缩量涨停，应坚定持股。

图6-13　香雪制药-日线图

实战注意事项：

（1）CCI快速上行的缩量涨停出现时，如果表现为一字涨停，为当日股价直接以涨停价开盘保持收盘，是无法进行加仓操作的；如果表现为T形线，说明涨停价开盘后，盘中出现短时的快速打开涨停后又快速封在涨停板上，如果手快是可以加仓的，但通常也难以参与，因为若是开板时间长，则容易引发量能短期的放大，日线上不会形成明显缩量。

（2）CCI快速上行的缩量涨停出现时，如果是涨停阳线的缩减涨停，通常是早盘股价出现大幅高开后的快速高走，时间极短，否则同样会引发量能的短时放大。因此，持股中的加仓时，操作一定要快。

6.3 坚定持股的K线与5日均线整理形态

6.3.1 K线在5日均线上方的强势整理

在持股看盘中，由于不少初学者对CCI顶背离式上涨了解得不够透彻，CCI正常状态下的上行、股价上涨形态很好把握，最难把握的就是强势状态下的短线调整。因此，一定要学会判断出K线在5日均线上方的强势整理形态，以坚定持股信心，不可过早卖出。

形态要求：

（1）K线在5日均线上方强势整理时，主要是日线图上K线或阴或阳，在5日均线上方形成震荡的状态，只要股价不跌破5日均线，不形成大阴量下跌，允许其间出现瞬间跌破5日均线，但只要快速放量回升到5日均线上，即可安心持股。

如图6-14所示，世纪瑞尔（300150）在上涨的A区域，在未形成大阴量下跌的情况下，虽然左侧出现一根十字星和阴线，但均未跌破5日均线。虽然最右侧出现下影线短时跌破5日均线的情况，但很快出现量价回升，所以，属于K线在5日均线上方的强势整理，应安心持股。

图6-14 世纪瑞尔-日线图

（2）K线在5日均线上方的强势整理出现时，还会出现一种K线的空中加油形态，即先是跳空高开形成一个缺口，然后股价在缺口之上形成震荡，判断为强势整理的空中加油形态时是不回补缺口，且整理时间短，即恢复量价齐升。

如图6-15所示，新研股份（300159）A区域，先是出现一字涨停板的跳空高开，留下一个缺口，其后股价保持在5日均线上方的震荡，并出现快速回升，为K线空中加油的强势整理形态，应坚决持股。

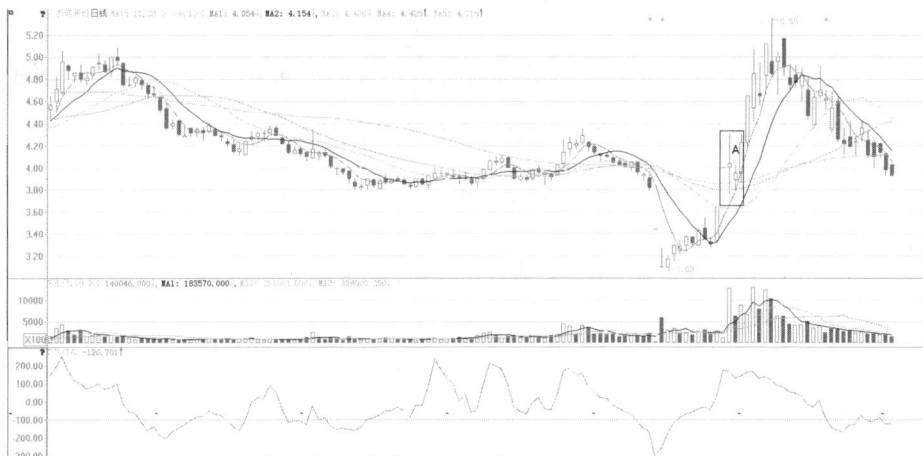

图6-15　新研股份-日线图

实战注意事项：

（1）K线在5日均线上方的强势整理出现时，如果表现为K线瞬间下行接近5日均线或跌破5日均线时，只要在很快止跌回升到5日均线之上，即为上涨状态中股价短期探底回升的强势整理。

（2）当K线在5日均线上方的强势整理形态中，最难判断的一种强势状态是K线空中加油，因为在K线的空中加油形态中，时间略长时，可能会短时向下触碰到5日均线。所以，K线空中加油的时间越短和不回补缺口的量价齐升，为强势状态，也是加仓的形态。

（3）K线在5日均线上方的强势整理，不能形成明显的量价齐跌，尤其是大阴量、长上影线阳线，或是阴线大阴量的量价齐跌，尽管此时K线未跌破5日均线，也属于一种顶部强烈转跌的形态，而非强势整理的健康形态。

6.3.2 围绕5日均线的K线弱势整理

围绕5日均线的K线弱势整理，从形态上看，尤其是喜欢短线根据K线与5日均线位置的短线投资者，往往会以K线跌破5日均线为卖出股票的依据。事实上，只要这种K线在围绕5日均线的看似弱势整理，一旦保持健康的量价整理形态时，同样可以安心持股。

形态要求：

（1）围绕5日均线的K线弱势整理时，如果属于强势状态，必须是K线在5日均线附近或略下方，呈明显的缩量小幅震荡的状态。如图6-16所示，华中数控（300161）中的A区域，K线围绕在5日均线附近展开缩量状态的小幅震荡，所以应坚定持股。

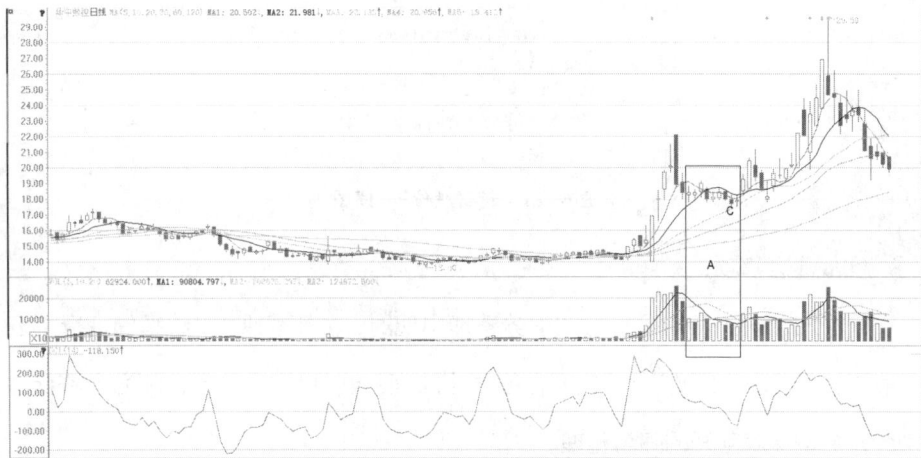

图6-16 华中数控-日线图

（2）围绕5日均线的K线弱势整理时，判断是否为持股的整理状态时，应结合分时走势图来观察，分时走势图上只要保持一下跌即缩量、一上涨即放量，或是股价线表现为缩量横盘震荡时，即可安心持股。

如图6-16中C区域的分时走势图，即图6-17的情况，在平开略走低后，进入C区域，股价线在昨日收盘线下方，一直保持缩量状态的横盘小幅震荡，为健康的分时图弱势整理形态，应安心持股。

图6-17　华中数控-2020年2月20日分时走势

实战注意事项：

（1）围绕5日均线的K线弱势整理期间，弱势只是说明股价在强势状态下出现短时较弱势状态的整理，并非股价真正转为弱势，否则就应卖出股票。

（2）安心持股的围绕5日均线的K线弱势整理出现时，首先是日线图上股价表现为跌破5日均线，但时间必须较短，一般最多不会超过三个交易日，否则极易出现短期的变盘走势。

（3）围绕5日均线的K线弱势整理出现时，必须确保分时图上股价呈健康的整理状态。但如果K线在5日均线下方的弱势整理结束时，股价出现快速转弱时，就不要再继续持股。这时宁可卖早，也不要心存侥幸。

6.4　实战要点

6.4.1　CCI顶背离时尊重趋势变化去操作

根据CCI操盘时，一旦买入一只股票后，在持股的观察中，一定要在CCI发生顶背离时，尊重股价的趋势变化来操作。任何指标在顶背离式上涨过程中，一且背离结束后出现股价与指标同步向下时，就意味着快速上涨行情已经结束，所以必须尊重股价的趋势变化来操作。

具体要求：

（1）持股中出现的CCI背离，为CCI下行、K线上行的顶背离状态。如图6-18所示，天晟新材（300169）在A区域，出现K线持续上涨、CCI持续下行的顶背离，这时就要引起注意。

图6-18　天晟新材-日线图

（2）在CCI顶背离上涨过程中，尊重趋势变化的操作时，有两点需要注意：一是CCI震荡下行中跌破天线进入常态区域，并出现阴量下跌；二是CCI在顶背离状态中，K线突然出现与CCI同步下行的当前水平的阴量下跌。

如图6-18中A区域出现CCI顶背离后的B区域，CCI跌破天线，同时K线为大幅低开略冲高的放量低走形态，应尊重趋势快速转弱的走势，及时卖出手中的股票。

实战注意事项：

（1）当持股中CCI出现顶背离时，尊重趋势变化的操作，主要表现在尊重K线趋势由上涨转为下跌的变化，因为这种情况在常态下是一种顶背离结束的征兆。

（2）在CCI顶背离期间，当股价表现为震荡上行、CCI震荡下行时，投资者难以通过股价的短时下行来判断是否顶背离已经结束，或是依然保持顶背离时的

K线向下震荡。因此，判断的一个标准就是观察CCI是否跌破天线进入常态区域。若是跌破天线，出现阴量下跌，就证明CCI顶背离已经结束，趋势已经转弱，就不应再继续持股。

（3）如果在CCI顶背离期间，CCI在背离状态下尚未跌破天线，依然在超卖区，但如果是K线在下跌时，成交量表现为当前量能水平的阴量时，CCI为大角度下行，也应确认顶背离已经结束。

6.4.2　阴量跌破5日均线要小心

在根据CCI操盘买入股票后的持股观察中，一定要留心一种形态，就是K线跌破5日均线时，因为即使未形成量价卖点，但如果之前股价的上涨未表现为过快的加速上涨，则起码意味着阶段性上涨已经结束。因此，不适合短期继续持股。

具体要求：

（1）阴量跌破5日均线出现时，表现为阴线直接在5日均线下方，同时也可以是5日均线从中穿过阴线实体。如图6-19所示，东富龙（300171）中的A区域，5日均线从中穿过阴线实体，为阴线跌破5日均线的情况。

图6-19　东富龙-日线图

（2）阴量跌破5日均线时，只要不表现为当前水平的大阴量柱时，方可继续持股，一旦下一个交易日仍然为阴量下跌时；或当日即表现为大阴量，或是顶背离状态的CCI跌破超卖区的量价齐跌，就要中止继续持股。

如图6-19中的A区域即是在C段走势中表现为顶背离，在B区域出现CCI大角度下行时，又在A区域跌破超卖区，表现为略放大的阴量，所以不应继续持股，应及时卖出。

实战注意事项：

（1）阴量跌破5日均线出现时，一定要引起注意，尤其是大阴量大阴线跌破5日均线，一旦再次低开或快速低走的量价齐跌时，就不要再继续持股。

（2）如果阴量跌破5日均线期间，跌破5日均线表现为阳线时，只要成交量为大阴量状态，次日的量价齐跌同样不应再持股。

（3）如果阴量跌破5日均线出现时，当股价跌破5日均线时，应及时观察分时走势图，一旦为量价齐跌状态，股价接近跌停，应果断卖出股票，因为这种阴量跌停阴线，不管实体长或短，短期杀伤力均极强。若是阴量一字跌停时，也不要计较量的大小，下一个交易日或在当日，一旦打开跌停，除非是出现股价线的大角度上行，才有可能形成天地板的主力快速洗盘，否则就应卖出股票。

（4）阴量跌破5日均线出现时，只有形成健康的非跌停状态的大举缩量的健康状态时方可继续持股，但同样要引起注意，一旦继续走弱，就应及时结束持股。

6.4.3　缩量跌停要小心

缩量跌停是股价在明显的上涨趋势中出现快速转弱的一种极端表现，所以在持股的看盘中，一经出现就要引起注意。因为其后一旦出现继续量价齐跌的走弱，很容易短期出现大幅下跌。

具体要求：

缩量跌停出现时，可以表现为一字跌停板，也可以表现为光脚阴线，但成交量必须表现为明显的阴量柱缩短的形态。因为缩量跌停是由于股价快速跌停导致的无法成交，以至于阴量较小，却是股价快速转跌的征兆，所以，缩量跌停出现时一定要及时中止持股，果断卖出。只有其后能够明显放量上涨时，方可继续持续。

如图6-20所示的金运激光（300220），在上涨趋势的小幅整理期间，突然在A区域出现缩量一字跌停板，持股者这时就要引起注意了，次日大幅低开冲高回落时，一定要及时卖出，直到C区域再次形成明显买入形态与买点时，方可再买回来继续持股。

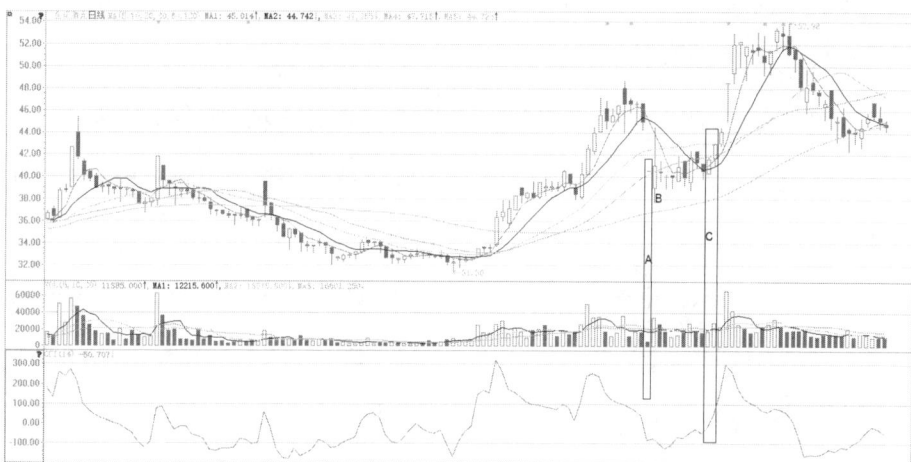

图6-20　金运激光-日线图

实战注意事项：

（1）持股中出现缩量跌停时，不管K线表现为何种形态，也不要非在跌停时再来做出反应，除非是一字跌停时，否则均应在持股过程中按照看盘的时间点要求，不能忽略对早盘30分的观察，因为缩量跌停往往都是出现在早盘。

（2）缩量跌停如果表现为一字跌停时，操作原则是当日在跌停价上委托挂单清仓卖出，若没能成交，则应在下一个交易日开盘后的量价齐跌时卖出。如果是接连出现一字跌停板时，一旦打开一字跌停板的当日，即应果断卖出，千万不可迟疑和观望。

（3）持股中出现缩量跌停时，只有在当日打开跌停板，并出现股价线大角度上行的区间放量或持续放量的快速回升时，或是下一个交易日出现开盘即快速回升的强势时，方可继续持股。

6.4.4 巨量上涨要小心

在持股的看盘中，一定要注意巨量上涨的出现，因为巨量上涨虽然属于放量上涨，却是放量上涨的一种极端表现。一经出现，大多数情况下意味着股价的快速赶顶，一旦后市无法持续大量状态的上涨时，就说明涨幅已经结束，不应再继续持股了。

具体要求：

巨量上涨出现时，股价表现为阳线上涨，成交量表现为一根格外长的阳量柱。一旦出现，下一个交易日一旦出现量价齐跌，就应果断中止持股，卖出股票。

如图6-21所示，捷成股份（300182）在持续上涨中，A区域突然出现一根明显长阳量的长阳线上涨，为巨量上涨，这时就要引起注意，应在下一个交易日的B区域，表现为CCI跌破天线的阴量下跌中，及时卖出股票。

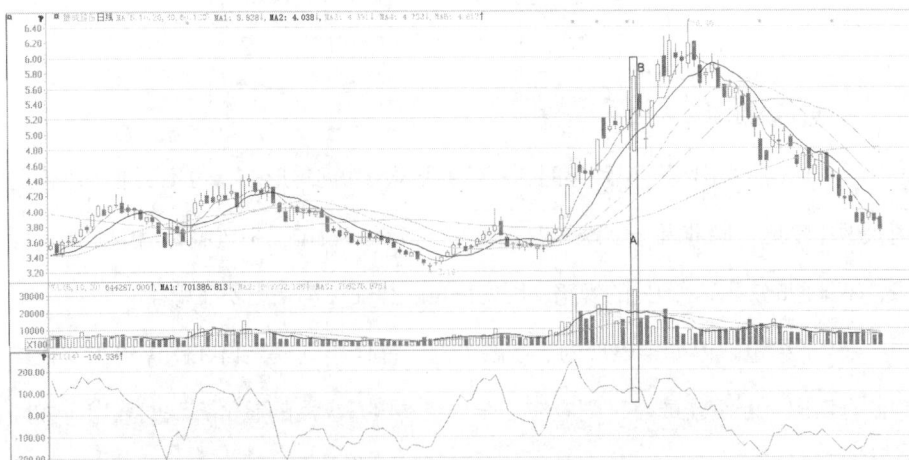

图6-21　捷成股份-日线图

实战注意事项：

（1）持股中出现巨量上涨时，K线表现为具有一定长上影线的阳线，若是上影线较短的阳线时，说明转跌的状态更为隐蔽，尤其是涨停状态的光头大阳线，更是要格外注意，有经验的投资者，如果发现当日的涨停发生在尾盘时，即应在涨停价上卖出股票。

（2）巨量上涨经常会出现在股价短期经过一定幅度的快速上涨阶段的末端，往往是主力加速赶顶的征兆，其后会形成高位放量滞涨，所以无论是其后形成高位放量滞涨，还是转跌，均应第一时间内中止持股，卖出股票。

（3）巨量上涨出现时，只有其后股价仍然能够保持在大量水平的量价齐升时，方可继续持股。

6.4.5　缩量上涨要小心

在持股的看盘中，一旦日线图上出现非涨停的缩量上涨时，虽然说明此时主力处于筹码高度集中的状态，无须大量即可推动上涨，但同时也说明股价的上涨未吸引到市场资金的跟风，证明市场资金并不继续看多股价的上涨。

因此，缩量上涨往往是股价即将转跌的前兆，其后一旦出现转跌或高位震荡滞涨的筑顶时，就要果断中止持股卖出股票。所以缩量上涨出现时，一定要引起注意，通过持续看盘捕捉后市的股价变化。

具体要求：

缩量上涨出现时，股价表现为明显的上升阳线，但不能出现涨停。成交量表现为一根明显极短的阳量柱，与之前的量柱比较，为缩量状态。

如图6-22所示，欣旺达（300207）在持续上涨中，B区域出现明显的持续缩量上涨，持股者就要引起注意，一旦在A区域出现CCI跌破天线的持续阴量下跌时，就要及时卖出股票。

图6-22 欣旺达-日线图

实战注意事项：

（1）持股中出现缩量上涨时，并不表明股价的加速上涨已经结束，所以不应在缩量上涨期间卖出股票，而一定要等到其后形成量价卖点信号时再卖出。

（2）当持股中出现缩量上涨时，若是在缩量上涨后，股价又恢复量价齐升状态，说明为健康的上涨状态，应继续持股。

（3）如果持股中出现的缩量上涨，K线表现为一字涨停板或光头涨停小阳线的缩量，是股价快速涨停引发的缩量，同样是强势的持股状态，不应卖出股票。

第 7 章

顶部信号：趋势转弱时的CCI信号

当牛股结束快速上涨转跌时，CCI同样会表现出明显的顶部转弱信号，但由于股价在强势转弱时也是难以瞬间变为极弱的，所以，也必须适当进行辅助判断，必须确保CCI与其他指标未出现钝化或背离，这样才能准确地判断出股价结束上涨的顶部信号，及时根据量价形态做出反应。

7.1　牛股见顶时的CCI信号

7.1.1　CCI大角度向下远离

CCI大角度向下远离，是CCI快速出现下跌的表现。因此，在根据CCI操作牛股时，一旦发现CCI在超买区出现大角度向下运行时，就说明CCI已经形成顶部回落的形态，这时就要根据量价卖点的情况来判断是否要中止继续持股卖出股票。

形态要求：

（1）CCI大角度向下远离，又称为CCI大角度下行，在此期间，CCI向下的角度，要求日线图上CCI向下的角度至少不能低于60°的水平角度时，方可确认CCI大角度向下远离。

如图7-1所示，通润装备（002150）日线图的A区域、B区域和C区域，CCI在向上运行中突然形成了70°左右的大角度向下远离，为CCI见顶信号。

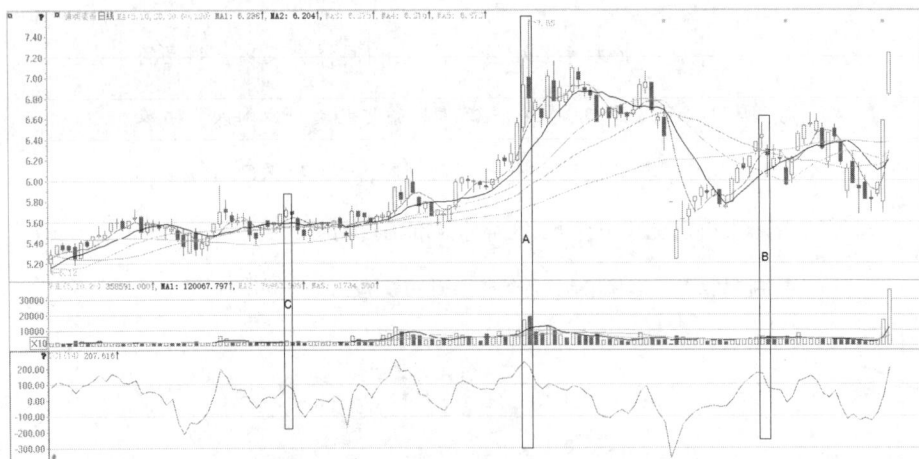

图7-1　通润装备-日线图

（2）CCI大角度向下远离期间，确认为牛股见顶时，通常发生在+100上方的超买区时，但在CCI顶背离上涨期间，允许发生在+100线附近，甚至是+100线以下的常态区域。如图7-1中A区域和C区域的CCI大角度向下远离发生在超买区，为牛股见顶的征兆，B区域发生在天线附近，为震荡高点的见顶形态。

综合以上两点内容，因为CCI大角度向下远离期间，均形成量价齐跌，所以持股中均应卖出股票。

实战注意事项：

（1）CCI大角度向下远离出现时，越是CCI向下的水平角度越大时，越能证明股价短期趋势的快速转弱，前提是必须符合量价卖点的要求时才能确认CCI顶部的成立。

（2）CCI大角度向下远离确认为顶部时，必须确保CCI未形成与股价趋势的顶背离，否则无法确保CCI是在超买区的高位形成顶部的快速回落。

（3）如果发生CCI顶背离时，CCI大角度向下远离的出现，则说明顶背离已经结束，应根据量价卖点及时卖出股票。

（4）如果是在根据CCI与KDJ综合进行CCI在常态区域的高抛低吸操作时，应选择在CCI刚刚大角度转头向下时，KDJ向下的形态来进行判断阶段顶部的到来。

7.1.2　CCI超买区的高位震荡

CCI超买区的高位震荡，是指一旦股价在快速上涨的过程中，CCI在进入超买区的高位后，中止上行，转为平行小幅的震荡滞涨。这种CCI形态的出现，说明股价上涨中出现震荡盘整，而出现在超买区的高位盘整，意味着分歧的加剧，所以是股价在高位区见顶的信号。

形态要求：

CCI超买区的高位震荡中，首先必须确保CCI处于超买区内，形成水平小幅震荡涨停。

如图7-2所示，神州泰岳（300002）在上涨趋势中，进入A区域，CCI一直处于超买区内，并形成震荡滞涨，为见顶信号。同时量价形成高位放量滞涨，所以应中止持股，卖出股票。

图7-2　神州泰岳-日线图

实战注意事项：

（1）CCI超买区的高位震荡出现前，往往股价必须有过一段明显的快速上涨过程，CCI在超买区形成水平小幅震荡的盘整状态。

（2）CCI超买区的高位震荡期间，允许CCI略回落后形成震荡，但必须确保CCI依然保持在+100线之上的超买区域，呈水平小幅震荡，或略下行的状态。但往往CCI在越是方向不明显的震荡时，越容易让投资者忽略，认为涨势依然没有结束。

（3）当CCI超买区的高位震荡出现时，判断股价顶部的关键在于量价的卖点，尤其是量价形成高位放量滞涨时，最容易让投资者忽略，一定要逢高卖出。

7.1.3　CCI持续震荡下行

CCI持续震荡下行，是股价见顶回落的重要形态，只要在此期间未发生顶背离，也就是股价与CCI同步运行的状态。因此，CCI持续震荡下行，是股价见顶回落的信号，一旦符合量价卖点要求，就应及时卖出股票。

形态要求：

（1）CCI持续震荡下行出现时，往往CCI快速向下运行的状态不明显，否则就难以与CCI大角度下行区域，因此CCI多数呈向下坡度渐缓的下行状态，或是震荡下行中的后一高点低于前一高点的形态。

如图7-3所示，天津普林（002134）在上涨过程中，进入A区域，CCI表现为持续小幅震荡下行，这时就要认真观察。

图7-3　天津普林-日线图

（2）CCI持续震荡下行期间，必须确保CCI与K线的运行方向一致，也就是未发生顶背离，在超买区域的高位区保持同步向下的状态。

如图7-3中的A区域，CCI缓慢下行期间，K线虽为阳线，但表现为略震荡下行，未发生背离，符合CCI持续震荡下行的见顶形态。尽管A区域均为阳量阳线，但同时表现出高位放量滞涨形态，所以应及时逢高卖出股票。

实战注意事项：

（1）在根据CCI持续震荡下行判断股价顶部回落时，首先要确认未出现CCI与K线趋势的相反走向，也就是顶背离状态，因为顶背离并不意味着股价上涨的结束，因此不可在顶背离状态的CCI持续震荡下行出现时确认为顶部回落。

（2）当CCI持续震荡下行时，应在CCI只要保持在缓慢下行的状态时，K线出现下跌时，即可确认形成顶部回落。

（3）CCI持续震荡下行只是CCI与股价同步向下的技术顶部形态，必须在形成期间得到量价齐跌的确认，方可卖出股票。

7.1.4 超买区域的"回光返照"

超买区域的"回光返照"，是股价在快速上涨期间，CCI二次进入超买区域的形态，因为股价的上涨状态一旦形成，难以在短时即刻转跌，所以在上涨趋势中二次进入超买区域后，才能形成冲高无力的真正转跌。因此就像是一个人在临死前突然出现短时的清醒后，所以叫回光返照，是股价上涨趋势结束前的最后一次上冲回落。

形态要求：

（1）超买区域的"回光返照"出现前，必须确保股价在上涨趋势中，因为只有在上涨趋势中形成的"回光返照"，方可确认为顶部，且CCI未形成顶背离。

如图7-4所示，欧比特（300053）在A区域，保持均线多头的上涨趋势，当C区域出现CCI突破天线进入超买区后，并未出现顶背离，这时就要引起注意。

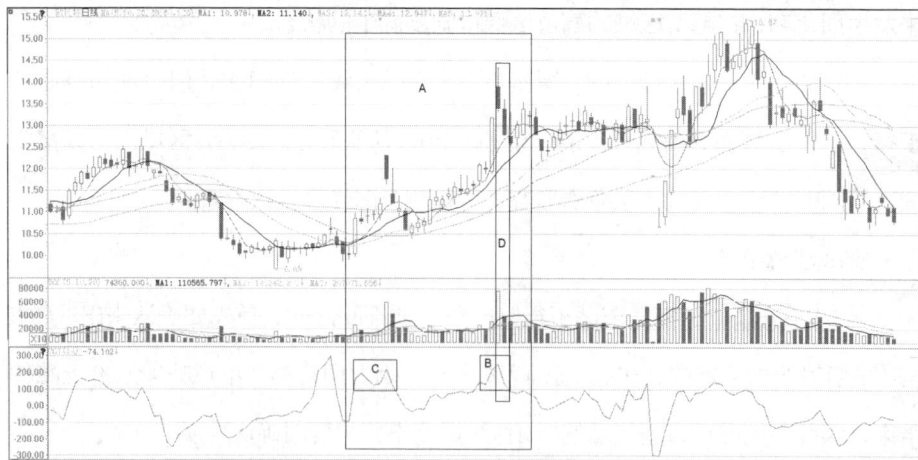

图7-4 欧比特-日线图

（2）在超买区域的"回光返照"中，CCI必须在上涨趋势中首次进入+100

以上的超买区域后，当略调整跌回常态区域后，再次上冲时又突破天线后形成回落时，方可确认为"回光返照"。

如图7-4中C区域CCI进入超买区域后，又跌破超卖区，在天线下方小幅震荡后，于B区域再次突破天线进入超买区，形成超买区域的"回光返照"。因此，D区域CCI转下行期间，形成阴量下跌时，即应果断卖出股票。

实战注意事项：

（1）超买区域的"回光返照"的CCI顶部形态，更多时出现在明显的上涨趋势中，所以是上涨趋势转跌前的征兆，反弹行情由于时间短，难以出现CCI二次进入超买区域的情形。

（2）根据超买区域的"回光返照"判断顶部时，必须确保CCI未发生顶背离，因为背离状态下CCI反映的行情是相反的。

（3）根据超买区域的"回光返照"判断股价的顶部时，只有CCI在二次进入超买区域后的向上运行中转为向下运行时，也就是CCI与股价同步向下时，形成量价卖时，方可卖出股票。

7.1.5 CCI顶背离后的大角度下行

CCI顶背离后的大角度下行，是股价在强势上涨过程中经常出现的一种情况，因为股价在强势状态下，经常出现背离式上涨，这种背离就是顶背离。而CCI一旦转为大角度下行，往往意味着顶背离已经快速结束，所以是股价快速见顶回落的信号。

形态要求：

（1）CCI顶背离后的大角度下行出现时，必须是CCI在超买区域发生上行、K线下行的顶背离。如图7-5所示，鼎龙股份（300054）在持续上涨中，进入A区域，形成K线震荡上涨、CCI震荡下行的顶背离，这时就要引起注意。

图7-5　鼎龙股份-日线图

（2）CCI顶背离期间的大角度下行时，K线也必须出现明显的下行时，方可确认为见顶回落的顶背离结束的信号。

如图7-5中A区域CCI顶背离状态下，进入B区域，形成CCI大角度下行跌破超买区。结合上一点内容，可确认B区域形成CCI顶背离后的大角度下行顶部形态，同时量价表现为大量水平的阴量阴线下跌，应及时卖出股票。

实战注意事项：

（1）CCI顶背离后的大角度下行出现时，判断CCI顶背离状态尤为关键，尤其是CCI震荡下行、K线上行的顶背离，一旦CCI大角度下行时，往往是顶背离快速结束的征兆。

（2）在利用CCI顶背离后的大角度下行判断顶部时，往往CCI在超买区域时，即未进入常态区域时的CCI大角度下行，最容易被投资者忽略，认为在超买状态下，股价很难见顶。事实上，超买到达极限后，即会快速转弱，所以持股期间应引起高度注意。

（3）一旦CCI顶背离后的大角度下行出现，只要量价表现为较大状态的阴线阴量下跌，哪怕是不形成明显的量价卖点，也应果断卖出股票。

7.2 CCI见顶时辅助指标的顶部信号

7.2.1 K线顶部形态

K线顶部形态，虽然是一种CCI见顶时的辅助判断，但同样不能忽视，因为在小盘股见顶时，往往时间极短。所以，即使是CCI未形成明显的顶部形态，只要K线形成明显的顶部形态，又满足量价卖点的要求时，就应果断卖出股票。在所有判断顶部信号的辅助指标中，只有K线的顶部形态可以单独使用，只要符合卖点的量价要求，即可卖出股票。

形态要求：

当顶部形成时，K线快速转弱时的顶部形态，通常有倾盆大雨、看涨吞没、乌云盖顶、三只乌鸦、倒V形反转等形态，必须结合成交量的状况，方可确认为顶部回落的信号。

如图7-6所示的碧水源（300070），当CCI表现为大角度跌破天线时，K线形成实体相当的前阳后阴两根K线，前一根阳线创出新高，后一根阴线在阳线实体内开盘，并收盘在实体下方，形成倾盆大雨形态，为K线顶部形态的助跌表现。同时表现为明显的放量下跌，应果断卖出股票。

图7-6　碧水源-日线图

实战注意事项：

（1）倾盆大雨由两根实体相近的K线组成，第一根为上涨阳线，第二根为低开低走低收的阴线，实体收于阳线实体之下，就像在高空突然下起倾盆大雨，所以叫倾盆大雨。因此，第二根阴线实体越是向下，越能代表股价快速转跌时的强烈状态。

（2）乌云盖顶同样是由两根实体相近的K线组成，前一根为上涨阳线，后一根为高开创新高后回落的阴线，至少回落到阳线实体一半以上的位置，回落的幅度越大，转跌的意愿越强烈。就像晴朗的天空瞬间出现乌云，大雨将至，所以叫乌云盖顶，意味着突然快速的变天。在乌云盖顶形态中，如果是第二根阴线向下完全吞没阳线实体后，则为看涨吞没，所以是股价更为强势的转跌信号。

（3）三只乌鸦由三根实体相当的阴线组成，实体呈后一根在前一根实体之下的节节下行状态，由于在高位区出现时，就像三只黑色的乌鸦站在枝头，所以叫三只乌鸦。在实战中，并不一定会形成明显的三根阴线节节下行的标准形态，所以只要有三根阴线呈下跌状态时，即可确认为顶部回落的形态。

（4）倒V形顶与V形反转刚好相反，是股价在阳线上涨中突然转为下跌，形成至少有三根K线的形态像一个倒立的英文字母V的形状时，即可确认为倒V形顶。

（5）K线的顶部回落形态，都是股价趋势快速转跌时的征兆，但必须确保成交量满足卖点要求时，方可卖出股票。只是这些K线顶部形态形成时，与量价卖点的量价齐跌略有不同，只要保持大量水平的阴量柱，即可确认为K线顶部信号。但如果是三只乌鸦时，三根阴量柱或不会明显放大，甚至表现为小幅持续缩量的状态，但只要是三根阴量柱即可确认为顶部转跌信号。

7.2.2 MACD顶部形态

MACD顶部形态是一种辅助判断CCI顶部的指标，也就是CCI形成顶部信号时，MACD也表现为顶部回落的助跌形态时，即可确认股价的顶部回落成立，一旦再满足量价齐跌的卖点要求时，即应果断卖出股票。

形态要求：

（1）DIFF线快速下行，是指在日线图上DIFF线在高位区出现至少30°水平角度的向下运行，此时DEA线依然为上行状态，或转为上行略缓。

如图7-7所示，数字政通（300075）在持续上涨的A区域，CCI表现为大角度向下跌破超买区的顶部形态，DIFF线在高位平行中突然转30°左右的大角度下行，为助跌的MACD顶部形态。同时表现为量价齐跌，应果断卖出股票。

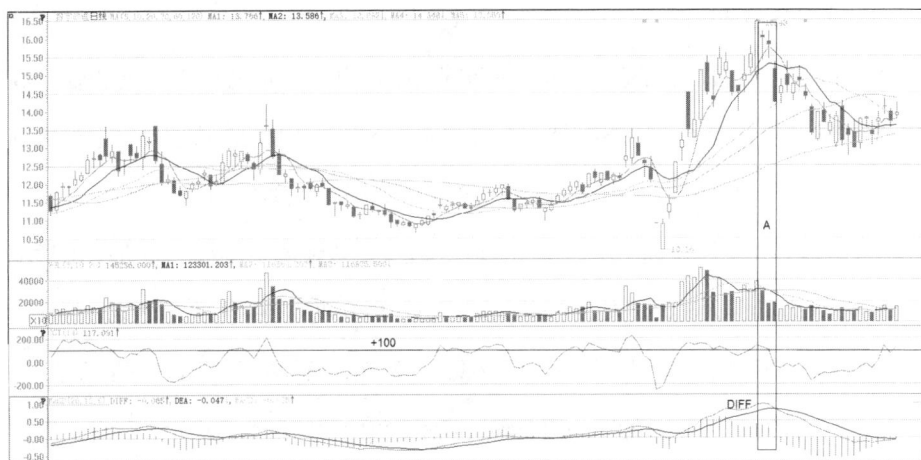

图7-7　数字政通-日线图

（2）MACD高位死叉后双线向下发散。高位死叉，是指DIFF线由上向下与DEA线交叉；双线向下发散是指双线在高位区时，DIFF线在DEA线下方，双线出现明显的向下远离。一旦形成MACD高位死叉后双线向下发散时，就证明CCI顶部转跌信号已经明显形成。

如图7-8所示，三聚环保（300072）在持续上涨中，进入A区域，CCI表现为大角度下行，MACD形成死叉后双线呈向下发散形态，为助跌的MACD顶部形态，同时表现为量价齐跌，应果断卖出股票。

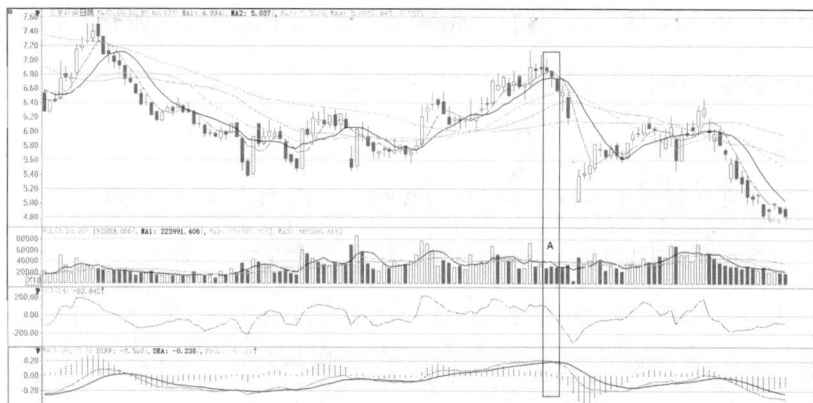

图7-8　三聚环保-日线图

实战注意事项：

（1）在通过MACD顶部形态辅助判断CCI顶部信号时，不一定非要形成MACD顶部形态，股价在快速转跌时，MACD经常会表现为反应迟钝，但如果刚好CCI出现顶部信号时，MACD也形成顶部形态，则说明顶部已经成立。

（2）在DIFF线快速下行、MACD高位死叉、双线向下发散三种MACD顶部形态中，经常会结伴出现，如DIFF线快速下行与高位死叉相继出现，或DIFF线快速下行中双线向下发散，或是高位死叉后双线向下发散，所以在应用时应灵活掌握。

（3）在利用MACD的助跌形态辅助判断CCI顶部信号时，一定要确保未发生MACD顶背离，或是DIFF线的高位钝化，因为这两种状态下的MACD表现会失真，不准确。这时应换作其他指标来辅助判断，或直接根据量价与K线形态来判断卖点。

7.2.3　KDJ顶部形态

由于KDJ的辅助判断，只是应用于CCI在常态区域高抛低吸操作的判断，所以KDJ对CCI顶部信号的辅助判断，事实上只是CCI在常态区域期间震荡高点的辅助判断。因此，在认识KDJ的顶部信号辅助判断之前，必须明白CCI操盘中KDJ的这一特殊使用前提。

形态要求：

当CCI在常态区域出现上行渐缓或转下行时，KDJ判断顶部时的形态较为简单，只要是J线形成了60°水平或以上的大角度下行时，或是三线相距较近状态下的向下发散时，或是KDJ高位死叉时，即可确认震荡的阶段性高点已经到来。

如图7-9所示，国民技术（300077）在A区域，CCI表现为常态区的宽幅震荡，在此期间，B区域的阴线下跌时，J线表现为70°以上的大角度下行，为KDJ顶部转跌形态，应果断高抛卖出。

图7-9 国民技术-日线图

实战注意事项：

（1）在利用KDJ对CCI见顶信号的辅助判断时，一定要确保为CCI在常态区域的宽幅震荡行情期间，主要通过KDJ快速转跌时，并不明显的CCI上行无力状态来判断高抛点。

（2）在J线大角度下行、三线向下发散、高位死叉三种形态中，使用其判断高抛点时，应选择CCI在高位出现上行渐缓或刚转跌时，只要出现这三种形态中的任意一种时，即应果断高抛。

（3）在利用KDJ辅助判断CCI常态区域的高抛点时，确认卖出时机时的量价表现，与常规的量价齐跌不同，只要表现为阴量下跌时，即应卖出。但如果出现股价小幅震荡滞涨时，若是出现阳量的缩减，也应及时卖出股票。因为震荡期间的缩量上涨是股价上涨乏力的表现。

7.2.4　MA顶部信号

当CCI形成明显的顶部信号时，如果利用MA进行辅助判断时，MA的辅助判断同样并不重要，因为股价快速转跌时，MA存在一定的统计周期，所以，日线图上MA同样表现为一定的延迟。一旦MA也形成明显的短期顶部转弱时，即应果断确认股价顶部已经形成，根据量价表现果断卖出股票。

形态要求与判断方法：

（1）日线图上CCI发出顶部信号时，MA的顶部形态主要有5日均线转为平行或是下行，或是5日均线向下与10日均线形成死叉。如图7-10所示，GQY视讯（300076）在持续上涨中，进入A区域，CCI形成大角度下行跌破超买区时，5日均线由上行转为平行，为反弹行情见顶的信号，同时量价表现为量价齐跌，应果断卖出股票。

图7-10　GQY视讯-日线图

（2）MA的辅助判断还有一种方法，就是利用短周期图上MA的顶部转跌形态来辅助判断日线图CCI的顶部信号成立，如30分钟图上在CCI顶部信号期间，形成明显的MA顶部转跌信号。

如图7-10中A区域右侧的K线，在30分钟图上，即图7-11中的A区域，明显为5日均线相继与下方10日均线、20日均线和30日均线形成均线死叉，并呈持续阴量下跌，CCI也呈大角度下行，说明形成明显的助涨信号，应果断卖出股票。

图7-11　GQY视讯-30分钟图

实战注意事项：

（1）在利用MA对CCI顶部信号的辅助判断中，如果同样是通过日线图进行辅助判断时，往往5日均线在股价快速转跌时的顶部形态不会明显，一旦5日均线也出现上行迟缓甚至转下行时，即应确认顶部的到来。

（2）通过MA对CCI顶部信号的辅助判断时，可通过日线图上CCI顶部信号明显时，短周期图，如在30分钟图上形成明显的顶部转跌形态时，予以确认。

（3）当日线图上CCI发出明显的转跌信号时，MA的辅助判断往往并不重要，这时只要形成符合要求的量价齐跌卖点时，即应确认顶部的到来，应果断卖出股票。因为卖股时与买股时不一样，股价转跌时往往是十分快速的，所以如果卖股时过于倚重辅助指标，则容易错过最佳卖出时机。

7.3　实战要点

7.3.1　CCI高位大角度下行、量价齐跌，出局

根据CCI短线操盘期间，在持股过程中一定要注意CCI高位大角度下行，因为只要CCI在运行中，出现大角度向下运行，就意味着股价出现快速下跌，一旦形成量价齐跌时，就要果断出局。

形态要求：

CCI高位大角度下行在判断时相对简单，只要CCI在运行中，于超买区域形成了至少60°水平的角度向下运行时，即可确认为大角度下行，一旦形成量价齐跌，即应果断出局。

如图7-12所示的康芝药业（300086），在持续上涨中进入A区域，CCI在超买区表现为70°左右的大角度下行，同时表现为明显放量下跌的量价齐跌，应果断卖出股票。

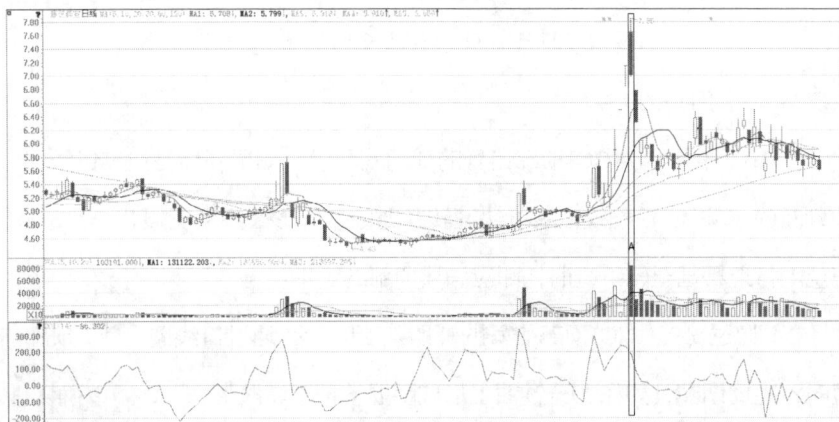

图7-12　康芝药业-日线图

实战注意事项：

（1）CCI高位大角度下行出现时，如果是顶部回落的信号时，CCI在天线+100以上的超买区域的高位区，由向上运行转为至少60°的向下运行时，方可确认为CCI高位区的大角度下行。

（2）CCI高位大角度下行，如果是在顶背离状态下出现时，必须形成股价同步下行的下跌状态时，才是CCI顶背离结束的征兆，这时只要出现阴线下跌，即应果断卖出股票。

7.3.2　CCI顶部形态明显、量价卖点不明显，减仓

在持股中，一定要注意CCI顶部形态明显、量价卖点不明显的情况，因为如

果只是CCI这一指标发出明显的顶部信号，但未形成量价卖点时，说明股价是在超买的状态下，可能引发CCI的背离，意味着股价的上涨可能并未结束，但卖点虽然不明显，并不意味着股价就不会转跌，持续阴量下跌也有可能会形成明显的卖点。这时就要实施策略性的减仓操作，以锁定一定的利润，一旦其后再次出现不明显的阴量阴线下跌时，就要果断卖出全部股票。

形态要求：

CCI顶部形态明显、量价卖点不明显出现时，往往是CCI形成明显的顶部信号期间，量价未达到量价齐跌的标准，并且尚未发生顶背离，而股价又出现短时的阴线下跌。

如图7-13所示，长信科技（300088）在持续的上涨中进入A区域，CCI明显形成大角度下行，属于卖出形态明显，但量价表现为小阴线，阴量柱为明显缩量状态，但依然处于当前大量水平，属于卖点不明显，此时应减仓操作。

图7-13　长信科技-日线图

实战注意事项：

（1）CCI顶部形态明显、量价卖点不明显出现时，量价卖点的不明显主要表现为：明显放量下跌中的阴量未放大；持续放量下跌中的持续阴量较小，或呈持续缩量状态；高位放量滞涨中股价的高位涨幅不高，或是K线出现短时的快速冲高回落，看似在上涨，或是量能未明显放量，只保持大量水平。

（2）只要发现CCI顶部形态明显、量价卖点不明显时，就要及时卖出半仓的操作，因为股价的上涨已经不明显，再持续的意义已经不大了，所以至少要卖出大部分的股票，或是只留住利润所占的仓位。

7.3.3　CCI顶部形态不明显、量价卖点强烈，清仓

在根据CCI操盘时，如果在持股中发现CCI形成的顶部形态不明显时，但量价卖点表现为强烈的量价齐跌时，就一定要引起高度注意，不可再继续持股。因为CCI顶部形态的不明显，只是说明CCI在超买状态下的反应不够强烈，但强烈量价卖点的出现，意味着股价短期出现快速转跌，所以必须采取清仓操作。

形态要求：

CCI顶部形态不明显、量价卖点强烈形成期间，CCI必须位于超买区域，由上行转为下行的形态不明显，如CCI平行或小幅震荡，或是CCI下行的角度极缓，但形成明显的量价齐跌。

如图7-14所示，好太太（603848）在持续上涨中，进入A区域，CCI表现为缓慢的向下震荡，5日均线依然表现为上行，CCI顶部形态不明显，却表现为放量滞涨，属于量价卖点明显，应果断清仓出局。

图7-14　好太太-日线图

实战注意事项：

（1）CCI顶部形态不明显、量价卖点强烈形成期间，CCI顶部形态不明显往往表现为CCI在超买区高位转跌时的形态不明显，如向下的角度未形成大角度，或只是表现为小幅震荡，并未跌破超买区域。

（2）CCI顶部形态不明显、量价卖点强烈形成期间，量价卖点强烈表现为：明显放量上涨、巨量放量上涨、持续大阴量放量上涨、放量滞涨四种形态中的任意一种时，均可确认为量价卖点强烈。

（3）当CCI顶部形态不明显时，一定不要忽视放量滞涨的量价卖点，因为虽然这种量价形态并不是转跌的形态，但其后转跌时的下跌趋势丝毫不亚于其他量价卖点出现时趋势转弱的程度。因此，必须将放量滞涨作为一种强烈的量价卖点，一经出现，即应清仓出局。

7.3.4　CCI顶背离、阴量下跌，抛盘

根据CCI操作时，在买入股票后，一定要在持股的看盘期间，时刻注意是否出现CCI顶背离，因为一旦顶背离出现，主力就会在股价持续震荡上涨中，不断逢高卖出股票，也就是边拉边卖式的出货，所以，一旦出现阴量下跌时，就意味着顶背离已经结束，应果断抛出手中所有的股票，彻底获利出局。

形态要求：

CCI顶背离、阴量下跌出现时，必须形成CCI下行、股价上行的顶背离，只要阴线阴量的下跌出现时，就要及时卖出股票，尤其是CCI跌破超卖区出现时。

如图7-15所示，荃银高科（300087）中的A区域出现股价持续上行、CCI持续下行的顶背离，其后的B区域表现为阴量阴线的阴量下跌，所以，应在当日开盘大幅低开冲高回落时即卖出股票。

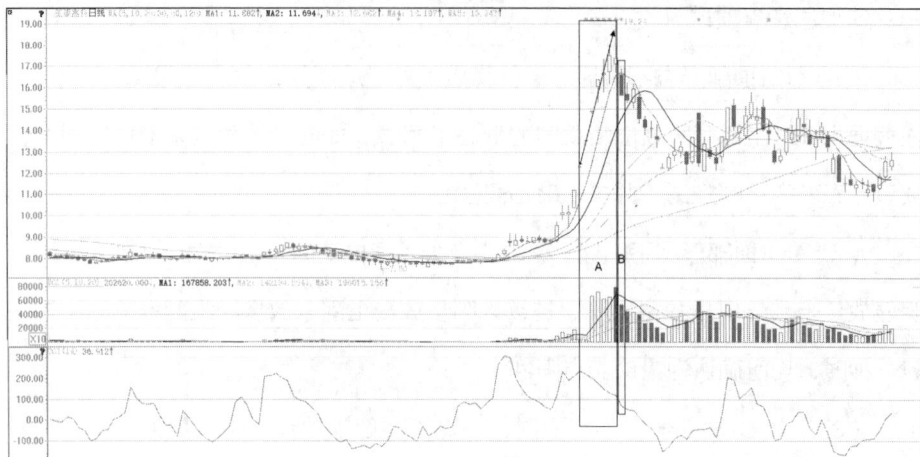

图7-15　荃银高科-日线图

实战注意事项：

（1）在持股看盘期间，要想发现CCI顶背离、量价齐跌，就要时刻提防CCI顶背离的形成，这样才能及时捕捉到CCI顶背离期间突然出现的量价齐跌，因为顶背离期间的量价齐跌或表现不如量价卖点时的量价齐跌，看似是卖点信号不明显的状态。

（2）实战中一旦发生CCI顶背离时，对量价齐跌的判断，只要阴量阴线呈明显的下跌状态时即可确认，尤其是CCI跌破天线的阴线阴量下跌，或是CCI在超买区域的持续小阴量的阴线下跌，非常容易被投资者忽略。

第8章

卖点信号: 判断CCI顶部是否转弱的重要依据

根据CCI操作牛股时, 虽然CCI的形态并不重要, 但常态下的CCI顶部形态仍然是重要的参考依据, 然而在决定是否卖出操作时, 必须符合量价卖点的要求, 因为只有量价卖点明确的CCI顶部形态, 才能证明股价出现快速转弱。同时, 也要明白不明显的CCI顶部形态与量价卖点, 才能准确地判断出卖点信号。

8.1　量价与顶部信号的关系

8.1.1　量价齐跌是CCI顶部形成的征兆

当CCI形成顶部，无法再支持股价继续上涨时，只有成交量也表现为大举卖出的状态时，才能证明股价短期出现转弱，因为主力要卖出股票，就离不开大举抛售，必然会造成股价向下，以促成交易，从而造成阴量放大。

因此，只要量价表现为齐跌状态时，就表现为股价已经开始明显的顶部转跌，所以，量价齐跌是CCI顶部形成的征兆。

量价齐跌的具体表现：

在量价齐跌形态中，量表现为绿色的阴量柱，K线表现为绿色的阴线。但如果要构成趋势转弱时，必须达到明显放量下跌、持续阴量下跌或CCI顶背离后的阴量下跌时，才能构成顶部反转向下的征兆。

如图8-1所示，北斗星通（002151）在A区域，K线表现为持续阴线下跌，量柱表现为持续阴量，为持续阴量下跌的量价齐跌，已经构成趋势转弱的要求，应果断卖出股票。

图8-1　北斗星通-日线图

实战注意事项：

（1）量价齐跌主要包括两种明显的顶部转跌征兆：一种是明显放量下跌，另一种是持续阴量下跌。如果是明显放量下跌时，若是阴量柱表现为极长的巨量时，为巨量下跌，更能说明趋势的转弱程度极快。

（2）当CCI持续或震荡向下、K线持续或震荡上行的CCI顶背离出现时，往往是一种背离式上涨，经常发生在股价持续快速上涨的走势中，此时顶部转跌时，不一定会形成明显的量价齐跌，只要形成阴量阴线下跌，即说明顶部出现反转向下。所以，同样是一种卖出股票的征兆。

8.1.2　高位放量滞涨是CCI筑顶的征兆

当股价运行到高位区后，一旦成交量保持在相对较高的水平时，股价却出现震荡滞涨，说明主力资金在维持股价在高位区而大举出货。因为主力如果持股数量较多时，难以在短时卖出股票，所以必须维持股价在高位区，以大单买、小单卖的方式，实现隐藏出货，这样才不容易被散户发现，才能卖在高位。因此，高位放量滞涨的出现，往往是股价和CCI缓慢筑顶的征兆。

高位放量滞涨的具体表现：

（1）高位放量滞涨往往出现在股价持续上涨中的高位区，K线表现为较长的阴线或阳线，甚至是影线较长的K线，成交量或阴量、或阳量，为当前较高水平的长量柱。

如图8-2所示，广电运通（002152）在A区域、B区域和C区域，均是股价上涨的高位区，K线表现为较长阴线或阳线，成交量保持大量水平，所以，可以确认为高位放量滞涨。

图8-2　广电运通-日线图

（2）高位放量滞涨出现期间，CCI或其他辅助指标表现为上行状态的渐缓，甚至是高位钝化，但这只是一种参考，只要形成K线的高位放量滞涨，就应逢高卖出股票。如图8-2中的A区域、B区域、C区域，CCI均表现为高位震荡后转下行的小幅转弱状态。

综合以上两点内容，可确认A区域、B区域、C区域形成高位放量滞涨，说明股价在短期筑顶，应果断逢高卖出。

实战注意事项：

（1）高位放量滞涨虽然只是一种量价的顶部形态，并未出现转跌，却意味着股价在高位区出现较大的分歧，所以即使是股价再次出现上涨，也需要经过充分的整理后才会发动上涨，因此是股价筑顶的征兆，准确率极高。

（2）当高位震荡滞涨出现时，不管CCI或其他指标是否表现为在高位区的不明显上行，甚至是股价出现短时冲高，也应及时卖出股票，而不要再买回来。

（3）高位放量滞涨期间，通常会伴随着较高的换手率，这是主力以对倒的方式出货，因为反复买卖所造成的换手率加大，所以也是判断顶部是否成立的一种方式。

8.1.3　缩量上涨是CCI即将见顶的前兆

当CCI在持续上行的过程中，一旦量价表现为缩量上涨时，说明无须较大资金，即可推动股价上涨，所以是主力筹码集中的表现。另外，缩量上涨也表明股价的上涨，未得到市场资金的广泛关注，是市场看空这只股票的表现。

所以，其后一旦出现量价齐跌或高位放量滞涨，意味着顶部已经形成。因此，缩量上涨是CCI即将见顶的前兆。

缩量上涨的具体表现：

（1）缩量上涨出现在股价持续上涨的过程中，成交量表现为明显的阳量缩减，K线表现为阳线上涨，但不能出现快速涨停。

如图8-3所示，石基信息（002153）在上涨过程进入A区域、B区域时，K线表现为持续阳线上涨，成交量却出现明显的阳量缩减，为缩量上涨形态。

图8-3　石基信息-日线图

（2）缩量上涨只是CCI见顶的前兆，所以在卖出股票时，应选择在缩量上涨后形成明显的量价齐跌或高位放量滞涨时，方可卖出股票。如图8-3中的A区域和B区域，应选择在缩量上涨后，一旦股价形成量价齐跌或放量滞涨时，即应果断卖出股票。

实战注意事项：

（1）缩量上涨出现时，不能表现为阴量的缩减，同时不能出现快速涨停，否则就是因股价快速涨停所引发的缩量。因此，缩量上涨的涨停阳线属于一种正常的快速上涨的强势表现。

（2）如果缩量上涨出现后，股价又表现为强劲的放量上涨时，说明缩量上涨只是主力上涨中途的间歇，股价再次恢复快速上涨。因此，此时不能说明CCI顶部已经形成，应继续持股。

（3）如果是背离式上涨形态中出现的缩量上涨，只要其后CCI与K线同步下行时，表现为阴量下跌，即应卖出股票。

8.2 卖点的量价表现

8.2.1 明显放量下跌，最强的CCI顶部卖点

明显放量下跌是股价由强快速转弱时的一种突出的量价卖点，因为当股价由持续上涨的强势快速转弱时，量能一旦出现明显的阴量放大，说明盘中短时间内涌现出众多的卖盘，从而必然会导致股价的持续下跌，以促成交易。

因此，一旦股价在上涨中出现明显的放量下跌时，意味着CCI必然形成最为强势的顶部卖点。

形态要求：

（1）明显放量下跌出现时，往往出现在股价快速上涨的行情中，CCI或其他辅助指标通常已经运行到高位区，出现震荡中止上行或刚刚转为向下运行，明显放量下跌才意味着顶部的到来。在大多数的情况下，CCI表现为超卖区域内的掉头向下或震荡。

如图8-4所示的报喜鸟（002154），在股价快速上涨中，进入A区域，CCI也出现在超卖区的大角度向下远离，这时就应及时观察量价的表现。

图8-4　报喜鸟-日线图

（2）明显放量下跌形成时，股价表现为阴线下跌，成交量表现为阴量柱明显要高于之前上涨的阳量柱。

如图8-4中的A区域，股价表现为较长上影线的阴线，成交量为明显高于之前所有量柱的长阴量柱，为明显放量下跌。

综合以上两点内容，可确认A区域形成趋势快速转弱的最强卖点信号，应果断卖出股票。

实战注意事项：

（1）当明显放量下跌出现时，对其他辅助指标的形态可适当忽略，通常表现为CCI在超卖区域的转下行。但在顶背离状态下，CCI或者会下行到常态区域，或者是在超卖区表现为震荡下行。但明显放量下跌的出现，则意味着顶背离的快速结束，因此是最强的卖点。

（2）明显放量下跌出现时，如果之前上涨的阳量柱表现为明显放量时，明显放量下跌时的阴量柱或许不会超过这根阳量柱，但只要与之前明显放量的阳量柱保持在相近水平，同样是一种明显放量下跌的形态，这一情况在实战中经常出现。

（3）明显放量下跌形成时，如果阴量柱达到极长的状态时，或是达到天量阴量，则更能表明短期股价的快速转跌。因此，在涨跌停板制度下，交易时一定要结合分时图，看是否达到股价线高开大角度低走或平开大角度低走的区域放量，甚至是大幅低开震荡走低，采取提前卖出股票的操作，及时锁定利润，以免因为股价的快速跌停导致无法卖出。

8.2.2 持续阴量下跌，较强的CCI顶部卖点

持续阴量下跌是量价齐跌的一种持续，在此形态中表现为持续阴量的阴线下跌，看似单根阴线阴量的下跌强度并不大，实质上却是持续量价齐跌的表现，所以，同样是一种短期股价持续转弱的征兆，是仅次于甚至是大于明显放量下跌的表现，因此意味着CCI顶部成立后转跌的持续。一经发现，即应果断卖出股票。

形态要求：

（1）持续阴量下跌出现在上涨趋势中时，至少表现为连续两根阴线呈下跌状态，同时必须至少有两根阴量柱处于当前较高水平时，方可确认为持续。

如图8-5所示，通富微电（002156）在上涨过程中，A区域表现为两根持续下跌的阳线，成交量为大量水平的阴量，为持续阴量下跌。

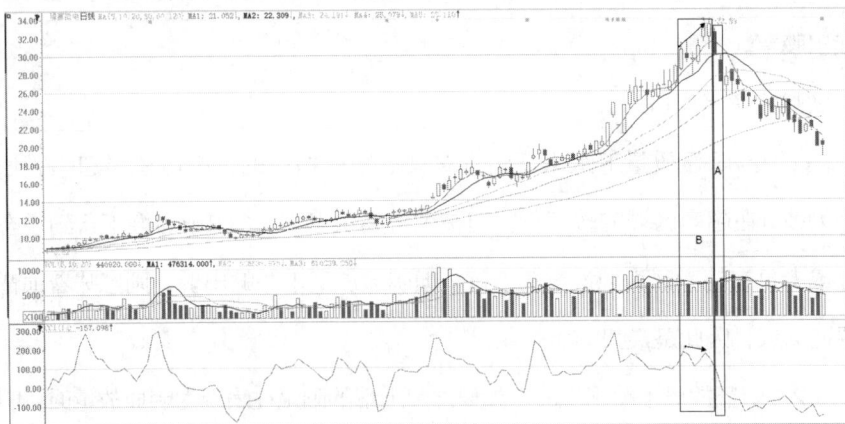

图8-5　通富微电-日线图

（2）在不背离的情况下，在持续阴量下跌期间，CCI会出现在超买区域的快速向下运行，但也会表现为超买区域高位的震荡。

如图8-5中的A区域，由于之前的B区域表现为CCI顶背离，所以在卖出股

票时，不应以持续放量下跌形成时再卖出，而应选择在A区域右侧阴量下跌时，CCI表现为震荡下行跌破天线时，及时卖出股票。

实战注意事项：

（1）持续阴量下跌出现时，如果是首根阴量柱与前期阳量柱的长短相近，阳量柱又保持明显的放量状态时，则应以明显放量下跌来对待，无须再等到第二根阴线阴量出现后再卖出股票，或是在下一个交易日，依然保持阴线阴量的量价齐跌时卖出股票。

（2）如果在持续阴量下跌中，两根阴量柱均较短时，或是达到三根阴量柱时，说明股价转强的意愿更强，因为如果将量柱叠加，再将阴线叠加，其放量下跌的程度通常并不低于单根明显阴量下跌的程度。因此，放量不明显的持续阴量下跌，其转短转跌的强度并不弱于明显放量下跌，一经出现，即应果断卖出股票。

（3）如果是顶背离状态下出现持续阴量下跌，尤其是CCI在+100附近的常态区与超卖区的分界时，即使阴量较小，只要CCI为下行时，即应及时卖出股票。

8.2.3　放量滞涨，一般的CCI顶部卖点

严格来说，放量滞涨并不是CCI转跌的量价形态，但主力在操盘时，经常以放量滞涨这种形态，在股价上涨到高位区后，维持股价在高位隐藏大举出货，所以，相对于明显放量下跌或与持续阴量下跌而言，放量滞涨只是股价在构筑顶部，但由于主力在此期间的隐藏性极强，因此是CCI顶部逢高卖出的最佳时机，是一般的CCI顶部卖点。

形态要求：

（1）放量滞涨形成期间，股价表现为多根实体较长或具有较长影线的阴线或阳线，允许其间出现短时的冲高回落或探底回升，但从K线上看，均保持在一个相近的水平。

如图8-6所示，汉钟精机（002158）在上涨期间，进入A区域，K线较长，处于相近水平，呈震荡状态。

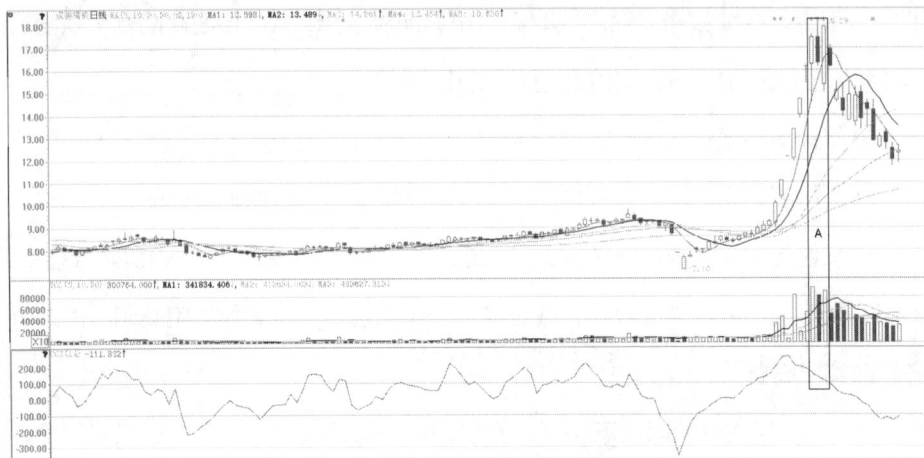

图8-6 汉钟精机-日线图

（2）放量滞涨出现时，成交量表现为当前大量水平的阴量柱或阳量柱，允许量柱出现忽长忽短的情况，但往往缩量并不十分明显。

如图8-6中的A区域，成交量表现为量柱明显较高的放量水平。

综合以上两点内容，A区域在CCI缓慢下行中形成放量滞涨，说明顶部已经到来，应果断逢高卖出。

实战注意事项：

（1）放量滞涨出现时，CCI在不背离的情况下，表现为在超买区的中止上行，或小幅震荡下行后，或水平震荡，所以，卖股时应着重观察量价是否形成放量滞涨即可卖出。

（2）放量滞涨期间，可能会出现上影线的短时创出新高，但只要很快回落到滞涨期间的水平即可确认为股价的滞涨。

（3）股价在放量滞涨期间，应在逢高回落时卖出，即使其后股价又出现小幅的震荡上行，也不应再买回股票，因为这种情况意味着主力筹码未能实现卖出，刻意拉高吸引更多的跟风资金介入，以实现大举卖出。

8.2.4　阴量下跌，顶背离结束的卖点

阴量下跌，是指阴线阴量的量价形态。通常在阴量下跌时，量能水平并不大，所以往往让投资者忽略，尤其是在CCI顶背离状态下，由于主力在此期间采取的持续拉高中滚动在高位卖出，也就是边拉边卖，或是小主力在短期炒作股票。因此，只要CCI顶背离期间形成阴量下跌，就说明顶背离已经结束，应及时卖出股票。

形态要求：

（1）阴量下跌成为卖点时，CCI之前必须形成持续或震荡下行、股价持续或震荡上行的顶背离形态，这是阴量下跌成为卖点的基础。

如图8-7所示，远望谷（002161）中的A区域，股价震荡上行、CCI震荡下行，形成CCI顶背离，这时就要及时捕捉顶背离是否结束。

图8-7　远望谷-日线图

（2）当CCI顶背离结束时，股价与CCI均表现为同步向下运行，大多数的时候CCI位于+100附近的常态区与超买区的分界处，若是跌破+100时，或是CCI形成明显的大角度时，只要出现阴量下跌，即能证明CCI顶背离已经结束，应果断卖出股票。

如图8-7中在CCI顶背离A区域之后的B区域，CCI大角度下行跌破超买区，股价为阴线，成交量为阴量，为阴量下跌。因此，应果断卖出股票。

实战注意事项：

（1）阴量下跌的卖点，只适用于CCI顶背离结束时卖出股票的判断，不适合其他CCI顶部卖出形态的卖点应用，同样也不可单独利用阴量下跌的量价形态来判断卖点，这一点在操盘中应谨记。

（2）阴量下跌形成卖点时，往往是在CCI顶背离上涨结束时出现，所以，量能水平通常均不大，若是单独与之前上涨的量能比较，甚至会出现一定的缩量或是小幅放量，但一定不能忽略，只要CCI此时表现为明显的快速下行，或是跌破超买区，即应果断卖出股票。

8.3 不明显的CCI顶部形态与量价卖点

8.3.1 CCI背离跌破超买区域的阴量下跌

CCI背离跌破超买区域的阴量下跌，属于一种看似量能转跌不强烈的CCI卖出形态，但由于CCI处于顶背离走势中，CCI顶部形态也相对不明显，却是股价转跌的开始，所以是一种不明显的量价形态与CCI顶部转弱形态的综合表现，一旦出现，应及时卖出股票。

形态要求：

（1）首先必须确认CCI形成持续或震荡下行、K线持续或震荡上行的顶背离，量价齐跌出现时，往往CCI向下运行的态势会出现大角度，或是角度并不十分明显地从超买区域跌破天线+100进入常态区域。

如图8-8所示，中航三鑫（002163）中的A区域，K线震荡上行、CCI震荡下行，形成CCI顶背离，并在B区域出现CCI跌破天线的情况，这时就要及时注意量价形态。

图8-8　中航三鑫-日线图

（2）当CCI背离跌破超买区域期间，量价表现为下降阴线、阴量，即可确认阴量下跌。在此期间的量能水平或表现为略放大，或是保持在当前相对较小的水平。如图8-8中CCI背离状态下进入B区域，CCI缓慢跌破超卖区，形成小阴线小阴量，为阴量下跌。

综合以上两点内容，可确认B区域形成卖点不明显的CCI背离跌破超买区域的阴量下跌，应果断卖出股票。

实战注意事项：

（1）CCI背离跌破超买区域的阴量下跌出现时，是CCI顶背离上涨形态结束时的征兆，所以一般阴量下跌表现并不明显，尤其是那些盘子略大的中盘股，甚至是偏大的小盘股，是主力持仓较多时一种隐性持续出货所导致的。

（2）CCI背离跌破超买区域的阴量下跌出现时，判断CCI是否跌破天线+100和跌破天线时向下的角度，往往成为判断卖点的关键，尤其是CCI大角度跌破天线的行为，只要形成阴量下跌，就要及时卖出股票。

（3）CCI背离跌破超买区域的阴量下跌出现之前，如果在CCI顶背离期间形成高位震荡滞涨，或是其他量价卖点时，一定要提早卖出股票，而不要过于纠结于顶背离是否已经结束因为短线操盘注重的是短期获利，所以，即使卖出早了，也已获利，其后一定不要再买回来。

8.3.2 CCI超买区域的持续缩量下跌

CCI超买区域的持续缩量下跌，是指CCI在超买区域向上运行时，当不再向上运行，而是出现缩量的持续阴量下跌时，说明股价的超买状态得到很大程度的缓解，但转跌的意味又看似不是很强烈，然而由于是持续阴量下跌，所以叠加到一起时，会形成明显的放量下跌，因此也是一种隐藏性极强的不明显的CCI顶部卖出形态与量价卖点的结合。一经出现，同样要果断卖出股票。

形态要求：

（1）CCI超买区域的持续缩量下跌出现时，CCI必须处于+100之上的超买区，在持续上行中突然转为向下运行，持续缩量下跌发生在超买区域内。

如图8-9所示，智光电气（002169）在持续上涨中，CCI在超买区上行中突然转为大角度下行状态，这时就要及时注意量价表现。

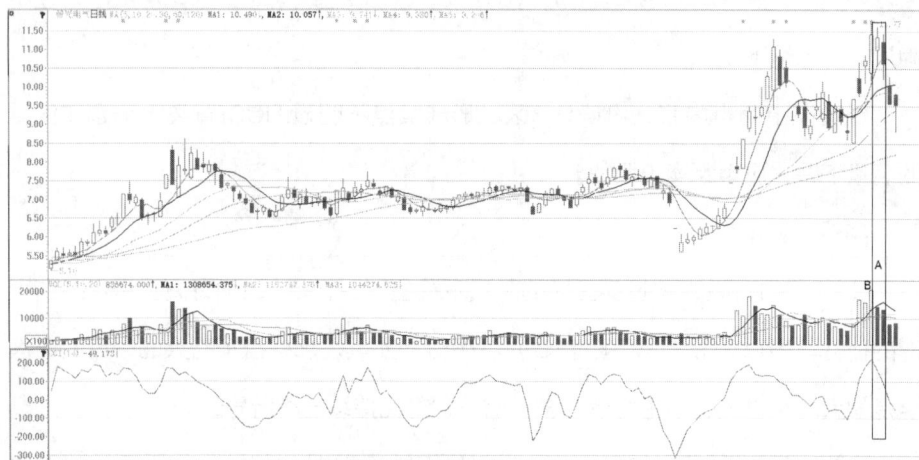

图8-9 智光电气-日线图

（2）CCI超买区域的持续缩量下跌形成期间，持续阴量下跌必须至少为两根下跌K线和两根阴量柱，呈阴量缩减状态，但往往不会是大幅的阴量缩减，尤其是第一根阴量出现时，基本保持在之前上涨阳量柱的水平，或是略低于之前的阳量柱。

如图8-9中的A区域，K线为下跌状态，成交量却表现为持续阴量，量柱明显低于之前B区域的量柱，但保持在当前较高水平，呈小幅缩量状态，为持续缩量下跌。

综合以上两点内容，可确认A区域形成不明显的CCI超买区域的持续缩量下跌，应果断卖出股票。

实战注意事项：

（1）CCI超买区域的持续缩量下跌是CCI顶部回落与量价卖点两种形态的组合：CCI在超买区域出现向下回落；持续阴量缩量下跌。所以在判断时，一定要认真观察CCI形态与量价形态。

（2）CCI超买区域的持续缩量下跌出现时，CCI向下回落的角度越大，越能说明股价趋势的快速转跌行为。

（3）CCI超买区域的持续缩量下跌形成期间，持续缩量下跌的判断，必须第一根阴量柱要保持在当前较高的量能水平，之后的第二根或第三根阴量柱的缩量往往不是十分明显，通常保持在与第一根阴量柱略低的水平即可确认。所以，持续阴量缩量下跌中，至少要分别有两根阴线与阴量时，方可为判断持续。

8.3.3　CCI跌破超买区域的量价齐跌

CCI跌破超买区域的量价齐跌，是指CCI在超买区域向上运行期间，突然不再上行，转为下行后，迅速跌破超买区域，量价表现为阴线、阴量的齐跌状态。

由于这种形态出现时，发生在股价由上涨快速转跌时，所以很容易被投资者忽略，或是无法在第一时间内反应过来，所以，也是不能忽视的一种CCI顶部转跌与量价卖点出现的综合形态。

形态要求：

（1）CCI跌破超买区域的量价齐跌出现时，CCI处于明显在超买区域持续上行中的突然转跌，并迅速跌破天线+100以上的超买区域，所以，CCI通常表现为大角度向下运行。

如图8-10所示，纳思达（002180）在持续上涨的过程中进入A区域，CCI

明显是在超买区域由上行转为大角度下行跌破超买区，这时就要及时观察量价形态。

图8-10　纳思达-日线图

（2）CCI跌破超买区域的量价齐跌出现时的量价齐跌，大多数不会明显放量下跌，但阴量柱必须保持在当前较高水平的较长阴量柱，相对于前期上涨时的阳量柱会略低，或是持续略缩量的阴量下跌。

如图8-10中的A区域，K线为阴线冲高回落的下跌，成交量保持在当前较高水平，为阴量，形成量价齐跌。

综合以上两点内容，可确认A区域形成不明显的CCI跌破超买区域的量价齐跌，应果断卖出股票。

实战注意事项：

（1）CCI跌破超买区域的量价齐跌出现时，往往量价齐跌的表现不是十分明显，表现为单根阴线阴量下跌中的阴量不明显放大，或是持续略缩量的阴量下跌，所以属于卖点不明显的情况。

（2）CCI跌破超买区域的量价齐跌出现时，CCI通常表现为在超买区域持续上行中的突然转大角度下行，在跌破天线+100时，依然保持量价齐跌。

8.3.4　CCI二次进入超买区的阴量下跌

CCI二次进入超买区的阴量下跌，是CCI顶部回落形态与量价形态的一种综合判断卖点的形态。由于在这种形态中，CCI看似表现为震荡上行，且阴量下跌中的量价卖点又不十分明显，但CCI二次突破常态区进入超买区的行为，就已经说明股价在持续快速上涨中已进入了二次强势上涨的尾声，所以是持股中并不明显的CCI卖出形态和卖点，一经出现，同样要果断卖出股票。

形态要求：

（1）CCI二次进入超买区的阴量下跌出现时，必须确保CCI在上涨趋势中首次向上突破+100进入超买区后，又跌破超买区，但在常态区又出现快速转强，重新向上突破+100，二次进入了超买区，并出现回落下行。

如图8-11所示，云海金属（002182）在A段上涨趋势中，B区域CCI出现首次进入超买区的强势后，略跌破超买区小幅震荡后，于D区域再次突破常态区进入超买区呈上行状态， CCI转下行时K线上行，形成顶背离，为CCI二次进入超买区的情况，这时就要时刻关注量价变化。

图8-11　云海金属-日线图

（2）CCI二次进入超买区的阴量下跌出现后，必须是CCI转下行时形成下跌阴线与阴量，且通常阴量柱会保持在大量水平时方可确认为卖点。如图8-11中的

C区域，股价突然表现为阴线，成交量为大量水平的阴量，形成阴量下跌。

综合以上两点内容，可确认C区域为加速上涨结束时不明显的CCI二次进入超买区的阴量下跌，应果断卖出股票。

实战注意事项：

（1）CCI二次进入超买区的阴量下跌是CCI与量价两种形态的组合：一是CCI必须是上涨趋势成立首次进入超买区域后，跌破超买区，又再次突破常态区进入超买区，中间不可间隔时间过长；二是形成阴量下跌。

（2）在CCI二次进入超买区的阴量下跌形态中，阴量下跌时，通常表现为当前大量水平的阴量柱，意味着趋势的转弱，但必须确保CCI已由上行转为下行，无论CCI下行的角度是否大，均可确认为转弱的卖点。

8.4　实战要点

8.4.1　缩量下跌，CCI顶背离跌破超买区，卖出

根据CCI操作牛股时，一定要注意CCI顶背离期间跌破超买区时，出现缩量下跌的形态，因为这种形态既没有CCI在高位区的顶部形态特征，同时量价又未表现出明显的量价齐跌，所以，投资者在持股时很容易误以为CCI顶背离尚未结束，只是股价背离式上涨中的震荡走低，但事实上却是CCI顶背离结束的征兆。所以一经出现，即应果断卖出股票。

形态要求：

（1）CCI顶背离期间跌破超买区，是指CCI处于持续或震荡下行、K线表现为持续或震荡下跌的CCI顶背离状态，并在顶背离上涨中出现CCI跌破+100以上的超买区，进入常态区。

如图8-12所示，广百股份（002187）在A区域，K线表现为持续上涨，CCI表现为在超买区高位震荡下行，为CCI顶背离形态，这时就要注意CCI与量价变化。

图8-12　广百股份-日线图

（2）缩量下跌，是指CCI在顶背离状态下跌破超买区时，形成阴线下跌，同时量能表现为阴量的缩量状态。如图8-12中的B区域，CCI突然跌破超买区，成交量表现为阴量的明显缩量，K线为阳线转阴线的下跌，为缩量下跌。

综合以上两点内容，可确认在B区域形成缩量下跌中CCI顶背离状态下跌破超买区的情况，应果断卖出股票。

实战注意事项：

（1）缩量下跌、CCI顶背离跌破超买区是CCI与量价的两种形态：一是量价形成缩量下跌，二是CCI在顶背离状态下跌破+100以上的超买区。

（2）在缩量下跌、CCI在顶背离跌破超买区形态中，缩量下跌必须为阴量缩量状态、K线阴线下跌，但量能水平必须保持在当前的水平，且CCI的运行方向是向下的，否则就不会形成跌破超买区。

（3）缩量下跌、CCI在顶背离跌破超买区出现时，如果只是从CCI的形态观察，往往表现为震荡下行的状态，通常为二次进入超买区后的高点回落状态，要低于首次在超买区向上运行的CCI高点，也就是CCI在超买区的后一个高点低于前一个高点，否则就不会形成CCI顶背离。

8.4.2 持续阴量下跌，CCI震荡走低，卖出

根据CCI操作的持股期间，经常会在上涨中出现持续阴量下跌、CCI震荡走低的情况，这种情况出现时，往往阴量下跌的形态不明显，呈缓慢震荡下跌，CCI也保持缓慢下行的状态。这种情况一旦出现，即使卖点与CCI顶部卖出形态均不明显，也应及时卖出股票，因为趋势已经出现缓慢转弱。

形态要求：

（1）持续阴量下跌、CCI震荡走低出现时，往往是出现在股价持续上涨的过程中，股价中止继续上涨，转为缓慢震荡走低的阴量下跌。

如图8-13所示，劲嘉股份（002191）在持续上涨中，进入A区域的超买区后，股价中止上涨时表现为缓慢的阴线下跌，成交量也表现为阳量的缩量，但进入右侧的B区域后，转为迟缓的阴线下跌中的持续阴量缩量，这时就要及时关注CCI的走势。

图8-13 劲嘉股份-日线图

（2）持续阴量下跌、CCI震荡走低出现时，CCI的震荡走低同样表现为下行的坡度并不大，呈缓慢震荡下行中跌破天线的状态。如图8-13中的B区域，CCI缓慢下行中跌破天线+100。

综合以上两点内容，可确认在 A 区域形成股价持续阴量下跌状态下、CCI 震荡走低的弱势形态，应及时卖出股票。

实战注意事项：

（1）持续阴量下跌、CCI 震荡走低的出现，说明股价进入了一种缓慢的顶部回落形态，所以在这种形态期间的阴量下跌，量能不大，间或出现阳量，但 K 线整体保持在缓慢下行的状态，同时 CCI 向下的幅度也不会大，缓慢下行或震荡下行，高点在不断降低。

（2）在持续阴量下跌、CCI 震荡走低形态中，时常也会出现 CCI 水平小幅震荡的情况，也应按照要求，果断卖出股票。

（3）持续阴量下跌、CCI 震荡走低经常发生在盘子略大的股票顶部缓慢回落的下跌初期，尤其是一些盘子大的蓝筹股经常出现，即使其后趋势仍然会略转强，但这种形态的出现，也说明进入高位震荡的盘整，所以，在短线操盘中同样应阶段性卖出股票。

8.4.3 量价齐跌，CCI "二进宫"，卖出

量价齐跌、CCI "二进宫"，同样是一种量价形态与 CCI 顶部形态不明显的结合。因为当股价在强势状态下由弱转强时，CCI "二进宫" 意味着 CCI 两次进入超买区，也就是持续出现快速上涨，所以一旦转弱时，尽管可能不会快速跌破超买区，量价卖点也表现为不明显时，都意味着股价下跌的开始。因为在股价上涨趋势中，再强势的股票也很难出现持续三次的快速上涨，所以必须在形态出现时，中止继续持股，坚决卖出股票。

形态要求：

（1）量价齐跌、CCI "二进宫"，是指 CCI 在首次进入超买区后，跌破超买区，但很快又突破常态区进入超买区，当 CCI 在超买区中止上行时，转为向下运行时，出现不明显的量价齐跌。

如图8-14所示，武汉凡谷（002194）A区域上涨趋势形成后，CCI首次进入超买区，其后又跌破超买区，但在B区域再次突破天线进入超买区，为CCI二次进入超强区域的"二进宫"，这时就要及时观察量价的情况。

图8-14　武汉凡谷-日线图

（2）量价齐跌、CCI二进宫形态中的量价齐跌，是指量价卖点不明显时，如不明显的放量下跌、不明显的持续阴量下跌，或是大量状态的股价滞涨。如图8-14在C区域形成量价齐跌时，阴量放大不明显，处于当前的较高水平，为量价齐跌。

综合以上两点内容，可确认C区域为量价齐跌状态的CCI"二进宫"，应果断卖出股票。

实战注意事项：

（1）量价齐跌、CCI"二进宫"出现时，量价齐跌会表现为不明显的放量下跌或持续放量上涨，甚至是未明显放量的大量水平的股价滞涨。

（2）量价齐跌、CCI"二进宫"出现时，CCI"二进宫"表现为CCI首次进入超买区不久，又跌破超买区，但未深跌即再次突破常态区进入超买区。

（3）量价齐跌、CCI"二进宫"形成卖点时，是CCI在二次于超买区向上运行时，不再上行，而是转为向下运行期间形成不明显的量价齐跌时。

第 9 章

实战：CCI牛股实战攻略与交易技巧

在CCI实战中，只有充分了解CCI操作股票时的交易策略、交易原则、操盘纪律、仓位管理，以及交易技巧，才能更准确地进行选股、买股和卖股，实现最终买在牛股的启涨点、卖在牛股的启跌点，以实现最终的获利。

9.1 交易策略

9.1.1 趋势交易策略

趋势交易策略，是指在根据CCI操作牛股期间，尽管有判断股价底和顶的买卖信号时可以参考其他辅助指标来进行判断，但同时一定要遵守股价的趋势变化征兆，因为股价的趋势变化才是操作牛股的根本。

趋势交易策略的具体内容：

（1）当CCI底部形态与买点出现时，趋势往往表现为快速止跌回升的短线强势，这时方可构成买入时机。在判断趋势时，应以CCI底部回升形态与MACD、或均线的多头上涨趋势、或恢复上涨趋势、CCI转强时股价与短期技术线快速转强为准，并形成量价齐升。

如图9-1所示，长安汽车（000625）在A区域形成CCI大角度由常规区域向上突破+100进入超买区域时，均线表现为多头排列的短期均线恢复上行的上涨趋势，并出现明显的放量上涨，应买入股票，这就是趋势交易策略中买入交易策略下的操作。

图9-1　长安汽车-日线图

（2）卖出交易策略，是指当CCI转弱，并形成量价卖点时，趋势出现短期的快速转弱，或是无法再继续上涨时，就应果断执行卖出交易。判断趋势转弱时，主要通过CCI快速下行和短期量价齐跌为主，同时参考K线与5日均线的形态，发现股价短期趋势已经形成转跌，或是以无法再继续上涨为原则。

如图9-1所示，在A区域的持续上涨中，进入B区域，CCI转弱跌破天线+100时，形成明显的大阴线大阴量的放量下跌，股价趋势出现快速转跌，并跌破5日均线，应及时卖出股票。这种操作就是趋势交易下卖出交易策略的操作。

实战注意事项：

（1）在趋势交易策略下，买入交易与卖出交易策略不同，所以必须首先确认是哪一种交易，方可按照具体的交易策略来应对。

（2）在趋势交易买入策略的指导下，一定要确保CCI底部形态与辅助指标形成助涨时，买点形成期间的股价短期趋势表现为上涨时，方可买入。

（3）在趋势交易卖出策略的指导下，不是只有发现趋势由强快速转弱时才会构成卖出时机，而是发现继续持股已经无法实现获利为主要准则，因为短线操盘的关键，在于继续持股能够实现获利。

9.1.2　强中择强交易策略

强中择强是一条买入交易策略，是指在根据CCI买入牛股期间，一定要遵守在同等条件下，尽量选择那些短线趋势转强特征明显的股票买入，因为只有短线趋势越强的股票，后市持续上涨的概率才越高，短期获利幅度才更大。

强中择强交易策略的具体要求：

（1）底部形态的强中择强。包括CCI底部形态和其他辅助指标的底部回升形态，必须是标准的CCI底部形态和其他至少一个指标形成底部形态时，方可确认。强势特征的底部形态表现为：CCI大角度向上突破常态区域，以及MACD突然向上翘起或多头趋势下的死叉不死，以及K线强势突破5日均线的涨停阳线等。

如图9-2所示，飞亚达（000026）中的A区域和图9-3深科技（000021）中的B区域，均出现CCI大角度由常规区的向上快速运行，图9-2中的A区域K线周围的均线表现为多头排列之初，图9-3中的B区域K线周围的均线，表现为5日均线恢复上行的多头上涨趋势。也就是这两只股票均形成CCI与辅助指标的买入形态，这时即可比较其买入形态的强弱来强中择强。

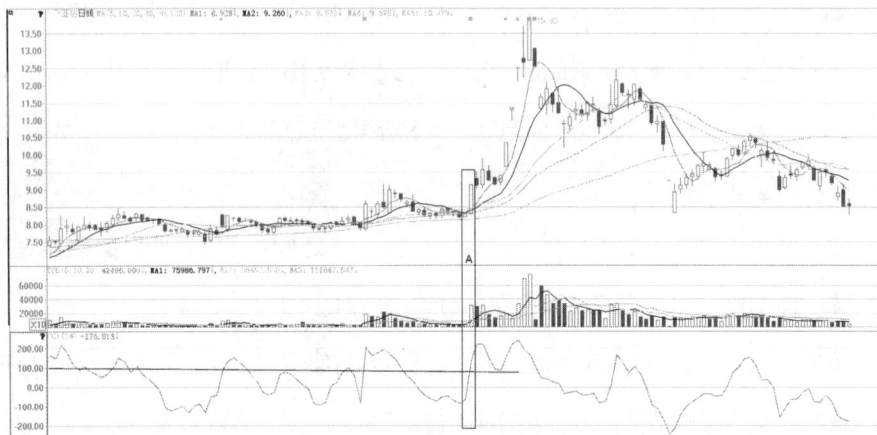

图9-2 飞亚达-日线图

图9-2中A区域的CCI向上突破+100进入超买区，且CCI是以大于90°的角度上行，表明股价短期转强十分的迅速。图9-3中B区域的CCI上行角度为70°左右，虽然两只股票的均线多头排列均较明显，但图9-2中A区域的CCI上行角度大，说明飞亚达这只股票短期快速上涨的态势更明显，要强于图9-3中深科技在B区域的上涨。这时即可通过买点的强弱程度进入一步确认。

图9-3 深科技-日线图

（2）买点的强中择强，是指CCI与其他辅助指标的底部形态表现为强势时，量价买点中表现为持续放量上涨、持续放量上涨，或是堆量后的量价齐升时，为最强的量价买点。

如图9-2中A区域表现为弱势震荡中的明显放量上涨，而图9-3中B区域表现为当前量能略高水平下的温和放量上涨，明显看出图9-2中A区域的买点要强于图9-3中B区域的买点。

通过对以上两点内容的判断，可以得出结论，图9-2中A区域与图9-3中B区域，无论买入形态与买点，图9-2的情况更为强势。因此，虽然这两只股票均可买入，但同时发现时，应尽量选择图9-2中的这只股票买入。这就是强中择强交易策略下具体的买入操作。

实战注意事项：

（1）在强中择强交易策略下，强势特征分为两种形态：一是CCI与其他辅助指标的强势底部形态；二是量价买点的强势状态。

（2）在强中择强交易策略下，一定要在同等条件下，选择那些CCI与其他指标强势的底部形态，以及量价买点中最为强势的股票来操作。

（3）根据强中择强交易策略操作股票时，有两种量价强势形态：最为强势的为堆量后量价齐升的形态，以及持续放量上涨。因为在判断明显放量上涨时，难以区分出格外放量上涨，所以，只有持续放量上涨形成时，才更能说明股价短线的持续强势。

9.1.3　慢一步交易策略

慢一步交易策略是一个买入交易策略，是指在买入股票时，不要操之过急，因为很多投资者在买入交易中，看到股票表现出强势特征时，都会忍不住冲动，所以，急切买入很容易造成失误。因此在买入操作时，应时刻提醒自己，一定要养成慢一步交易的策略。

慢一步交易策略的具体要求：

（1）慢一步交易策略，主要体现在判断买点时，一定要等到CCI与其他任意一种辅助指标形成明显的底部回升形态时，再来判断量价买点，不能急切。

如图9-4所示，深深房A（000029）中的A区域，虽然CCI出现大角度由常规区快速上行的底部回升形态，但尚未突破进入超买区，且均线尚处于即将形成多头排列的初期形态，这时即可观察量价判断买点的情况。

图9-4　深深房A-日线图

（2）在判断买点时，一定要等到量价形成明显放量上涨、持续放量上涨、温和放量上涨、底部堆量后上涨四种形态中的任意一种时再来买入。只有在这四种量价形态的当日收盘前成立时，或是在持续放量上涨中符合提前买入要求时，方可买入。

如图9-4中的A区域，股价震荡上涨中，1区域和2区域的量能放大不明显，为小阳量放大，所以可以慢一步交易，直到B区域形成CCI突破常规区进入超买区时，均线多头形成时的持续明显放量上涨时，再买入股票。这就是慢一步交易策略下的具体买入操作。

实战注意事项：

（1）慢一步交易策略，主要适用于买入交易时，因为在股价短期趋势转强的初期，如果有一丝毫的不满足要求，买入的风险都是极大的。所以应坚持宁可错过、也不错买的慢一步交易策略。

（2）在慢一步交易策略下，卖出股票时一定不要按照这一策略来执行，因为卖出股票与买入股票时不一样，由于股价由弱势转强时必须得到量能的持续支持，很容易出现看似转强但实际为弱势震荡的情况，而股价转弱时在多数情况下是迅速的，所以慢一步交易策略不适用于卖出交易。

9.1.4　快一步交易策略

快一步交易策略，主要应用在卖出股票期间，因为股价一旦转弱，99%的中小盘股都是快速转跌的，所以，卖出时一定要快一步。但由于A股实行涨跌停板的制度，所以在买入股票时，当股价表现为极强状态时，同样要快一步交易，这样才能及时买入。

快一步交易策略的具体要求：

（1）买入股票时，一定要在日线图形成明显的CCI与辅助指标的底部回升形态时，当买点形成明显放量或持续放量时，分时图上形成高低高走、平开高走的股价线大角度上行的区间放量时，股价在快速冲击涨停前，再快一步提前买入。

如图9-5所示，富奥股份（000030）中的A区域，CCI在突破常规区域进入超买区域时，均线也表现为多头排列初期的上涨趋势，量价为明显的放量上涨。这时就应观察A区域当天的分时走势图，也就是图9-6，观察是否符合提前买入要求。

如图9-6所示，股价线在午后开盘30分钟内，表现为在昨日收盘线上方的高位横盘震荡中突然形成大角度上行，下方明显表现为区间放量，所以应在B区域股价涨停前果断提前买入。这就是快一步交易策略中的买入交易策略与行为。

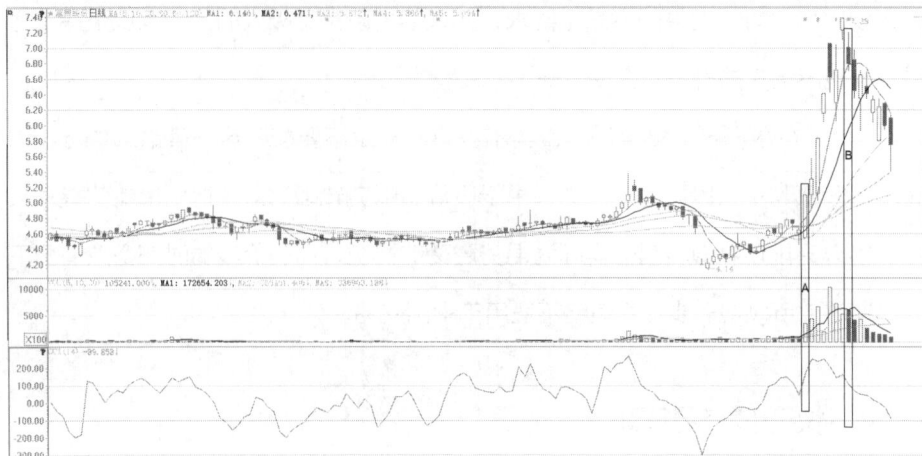

图9-5　富奥股份-日线图

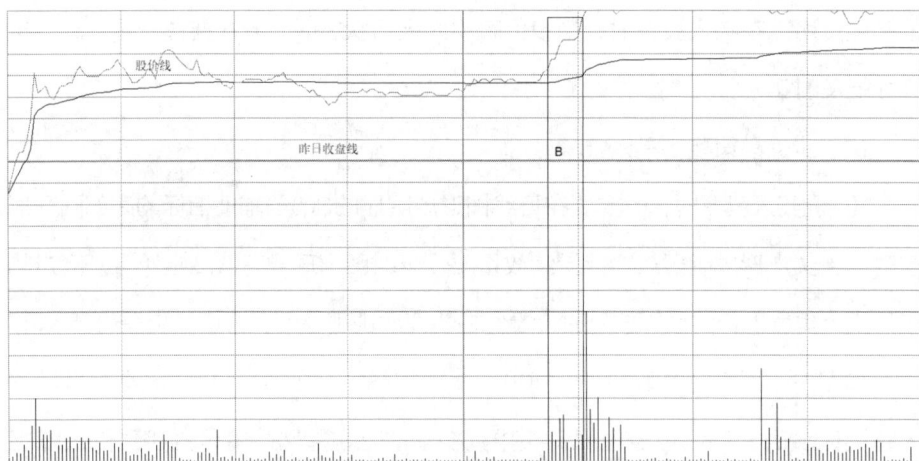

图9-6　富奥股份-2020年2月26日分时走势

（2）卖出股票时，快一步交易分为两种情况：一是形成放量滞涨的量价卖点时，一定要快一步逢高卖出；二是日线图形成明显放量下跌时，分时图形成股价线大角度下行的区间放量时，如大幅低开低走、高开快速低走、平开快速低走的区间放量时，一定要快一步卖出。

如图9-5中持续上涨的B区域，股价出现低开冲高回落，在看盘时，应在早盘即发现这一状态，即图9-7富奥股份在2020年3月6日分时走势图上的情况，虽然从理论上来讲，A区域大幅低开后，B区域结束冲高的回落为理想的卖出时机，但事实上，只要发现A区域的大幅低开后的震荡，同时下方分时量柱表现为大量状态时，即应提前卖出股票，而不要非在图9-5中B区域形成股价线下跌的卖点时再来卖出。图9-7中A区域与B区域的卖出行为，就是快一步交易策略中的卖出交易。

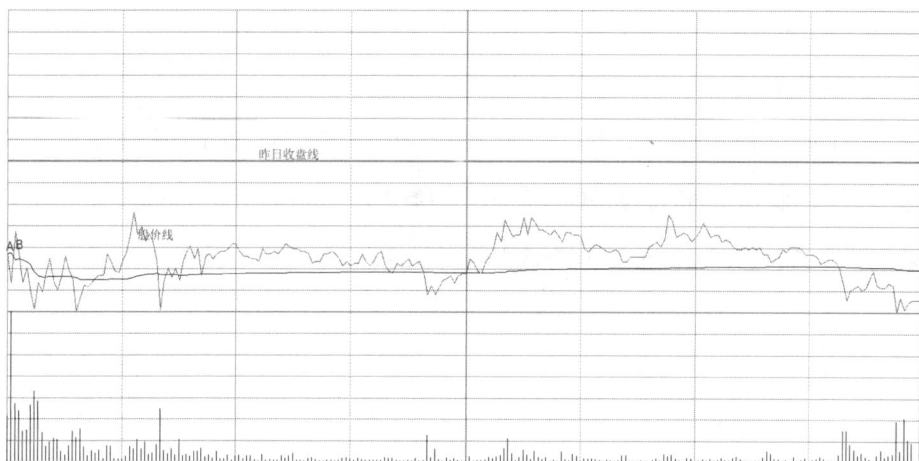

图9-7　富奥股份-2020年3月6日分时走势

实战注意事项：

（1）快一步交易策略主要表现在买入与卖出股票时，所以，一定要充分了解快一步交易的不同情况，以便及时交易，快速捕捉到牛股启涨时的征兆，并在牛股启跌初期果断卖出，以实现落袋为安。

（2）买入股票时的快一步交易策略，主要体现在日线图与分时图结合的提前买入操作中，即日线图形成量价买点初期，分时图形成股价线大角度上行的区间放量时，也就是类似于抢涨停板的操作，越是股价快速上行中接近涨停时买入，越能证明短线的强势。

（3）卖出股票时的快一步操作，主要体现在日线图与分时图结合的提前卖出操作，即日线图形成量价齐跌期间，分时图形成股价线大角度下行的区间放量。另外，还体现在日线图的高位放量滞涨中的逢高提前卖出时。

9.2 交易原则

9.2.1 原则一：趋势不明朗不交易

当股价的趋势表现为不明朗时，意味着当前的股价趋势方向不明，在买入股票后，很容易出现亏损，所以在买入交易时，一定要遵守趋势不明朗不交易的原则。

具体要求：

（1）趋势不明朗不交易的原则，主要应用于买入股票时的趋势不明朗，不适用于卖出股票交易时。如图9-8所示，深桑达A（000032）无论是在A区域还是其后的B区域买入股票时，均应认真判断当时的趋势是否不明朗。

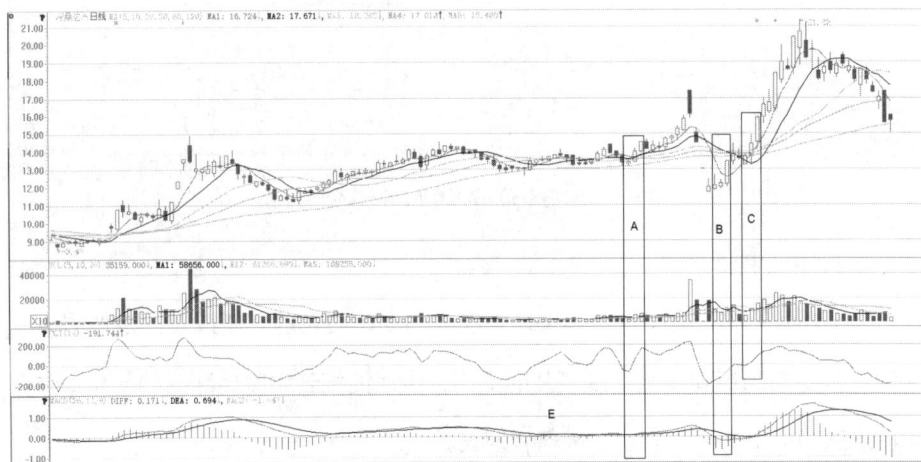

图9-8　深桑达A-日线图

（2）趋势不明朗主要体现在股价表现为震荡趋势时，尤其是买点不明显的股价震荡走高时。

如图9-8中的A区域形成CCI进入超买区的均线多头，B区域也形成底部快速回升的短期均线上行，但如果观察E区域会发现，MACD在C区域之前，均处于一种双线相距较近状态水平小幅震荡的震荡趋势，表明当前的趋势处于不明朗状态，因此，A区域与B区域均不应买入交易，直到C区域明显形成均线与MACD多头趋势时的量价齐升，方为买入时机。

实战注意事项：

（1）趋势不明朗是一条买入交易时必须遵守的原则，主要表现在CCI与其他辅助指标买入形态明显，但买点不明显时并不适用于卖出股票，因为在持股中的趋势不明朗，往往代表继续持股已经无法获利，所以反而要卖出股票。

（2）趋势不明朗的表现，主要表现在股价的弱势震荡形态，判断时应主要以股价的震荡不明显，或MA的均线缠绕及MACD双线相距较近状态的水平小幅震荡为主，而不应过于依赖CCI处于常态区间的波动。

9.2.2　原则二：格外放量的买点不交易

格外放量的买点不交易，是指当CCI与其他辅助指标形成明显的底部回升形态时，量价买点表现为格外放量上涨。由于这种形态的出现，表明短线市场资金涌入过大，所以，极容易造成股价的上涨只是短期行为，因此一旦出现时，就应坚持不交易的原则。

具体要求：

（1）格外放量出现时，必须确保CCI与其他任意一种辅助指标形成底部回升形态，格外放量上涨的出现才具有买点参考价值。

如图9-9所示，英力特（000635）在A区域出现CCI突破+100进入超买区的大角度上行时，均线也表现为60日均线平行的多头趋势，这时就应观察量价形态。

（2）格外放量的买点出现时，往往为一根明显极长的阳量柱，通常会高出之前量柱水平的数倍，甚至达到天量阳量柱，K线呈明显上涨状态。

如图9-9中的A区域，股价表现为一根上影线较长的长阳线，成交量为一根明显格外长于之前弱势震荡低位水平的阳量柱，可以确认为格外放量，所以以格外放量的买点，不应买入股票。

图9-9　英力特-日线图

实战注意事项：

（1）格外放量的买点出现时，通常必须形成标准的CCI与其他指标的底部回升形态，表现为放量过大的股价上涨，所以，放量时的阳量柱必须表现为阳量柱极长的状态，此时K线往往表现为实体较长的长阳线，或上影线极长的阳线。

（2）格外放量的买点形成时，大多数情况下均为明显放量上涨形态中的阳量柱极长的一种表现，因此，在根据CCI与量价判断买点时，一定要暂时中止买入交易，只有其后量能保持持续放量上涨时，方可买入，否则就应完全放弃交易。

9.2.3　原则三：量能不足的买点不交易

量能不足的买点，是指当CCI与其他辅助指标形成明显的底部回升形态时，量价买点表现为量能不足的股价上涨。这种情况出现时，说明股价在底部回升时未能吸引到众多的买入资金涌入，所以很难实现其后的持续上涨，因此应坚持不交易的原则。

具体要求：

（1）量能不足的买点出现时，必须确保CCI与其他任意一种辅助指标形成底部回升形态时，量能不足的出现才具有买点参考价值。

如图9-10所示，中色股份（000758）在A区域表现为常态区的CCI大角度上行，均线也表现为5日均线恢复上行的多头趋势，这时就应观察量价形态。

图9-10　中色股份-日线图

（2）量能不足的买点形成时，往往股价在上涨的同时，成交量柱表现为较短、低水平的阳量柱，阳量柱长度变化不明显，如小阳量温和上涨或持续放量中大举缩量。

如图9-10中的A区域，当CCI底部回升形态成立时，K线阳线上涨，成交量为温和放量，但整体的量能水平为小阳量状态，所以是量能不足的买点。

综合以上两点内容，A区域不能买入交易，只有其后B区域形成CCI大角度突破常态区，K线突破5日均线的明显放量上涨时，方可买入股票。这就是量能不足的买点不交易的原则下的操作。

实战注意事项：

（1）量能不足的买点在实战中经常出现，尤其是CCI与其他指标均形成明显的底部回升形态时，是量能不支持上涨的表现，所以，多为主力依然在震仓洗盘的征兆，因此不应参与。

（2）如果量能不足的买点表现为小阳量温和上涨时，持续时间较长，其后又出现明显放量上涨才是股价持续上涨的征兆。所以，一旦量能不足的买点出现后，虽然当前应坚持不交易的原则，但应持续观察其后的表现再决定是否操作，而不应完全放弃。

（3）当量能不足的买点出现时，如果股价表现为缩量状态的涨停阳线，或是一字涨停板，成交量出现缩减，则不属于量能不足的情况。这种情况为股价快速涨停所导致的大量买入资金无法成交的缩量，是供不应求的强势上涨表现。

9.2.4　原则四：CCI底部回升的量价齐升，果断买入

CCI底部回升的量价齐升，是一种健康的股价强势上涨的表现，所以一经出现，就要采取果断买入股票的交易。

具体要求：

（1）CCI底部回升的量价齐升出现时，首先必须确保CCI形成底部回升形态，同时MACD、均线等指标，至少有一个形成助涨形态时，方可根据量价齐升买入股票。

如图9-11所示，恒立实业（000622）在A区域，CCI出现大角度向上突破+100进入超买区的底部快速回升，同时均线中的5日、10日、20日等短期均线也形成拐头向上恢复多头排列的助涨形态，这时即可判断量价形态决定是否买入。

图9-11　恒立实业-日线图

（2）CCI底部回升的量价齐升中，量价齐升包括四种量价形态：明显放量上涨、持续放量上涨、温和放量上涨、底部堆量后上涨。只要在CCI与其他辅助指标形成底部回升状态后，出现以上其中任意一种量价形态时，即可确认为量价齐升，就应果断买入。

如图9-11中的A区域，股价在小阳线上涨后出现突破5日均线的长阳线上涨，成交量表现为持续阳量的明显放量，为明显放量上涨的量价齐升，应果断在A区域右侧长阳线当日的分时图强势时果断提前买入股票。

实战注意事项：

（1）CCI底部回升的量价齐升出现时，一定要确保CCI形成底部回升形态，同时也必须有其他辅助指标中的任意一种形成助涨，方可根据量价齐升的出现买入股票，因为这是买入股票的基础。

（2）CCI底部回升的量价齐升形成时，一定要认真判断出明显放量上涨、持续放量上涨、温和放量上涨、底部堆量后上涨四种量价买点，只要出现一种时即是买入时机。但在判断量价齐升时，应确保不会形成量能过大或量能不足的情况。

（3）如果是底部堆量后上涨的买点出现时，股价上涨时的量能并不一定会明显放大，甚至会出现缩量，但此时股价会以快速涨停的方式出现，所以，只要分时图上出现区间放量的股价线大角度上行时即可及时买入股票。

9.2.5　原则五：CCI顶部转跌的量价齐跌坚决卖出

CCI顶部转跌的量价齐跌，是一种经典的牛股顶部快速转跌的征兆，说明股价快速上涨中形成明显的顶部回落，所以一经出现，就要果断卖出股票。

具体要求：

（1）CCI顶部转跌的量价齐跌出现时，CCI形成明显的顶部转跌形态，也可表现为CCI顶部回落形态不是十分明显，只表现为缓慢回落或震荡回落，这时只要形成明显放量下跌或持续阴量下跌的量价齐跌形态时，即应果断卖出股票。

如图9-12所示，黑芝麻（000716）在持续上涨中进入B区域，出现CCI在超买区的高位突然转大角度下行，这时就应观察量价形态来确定卖点。

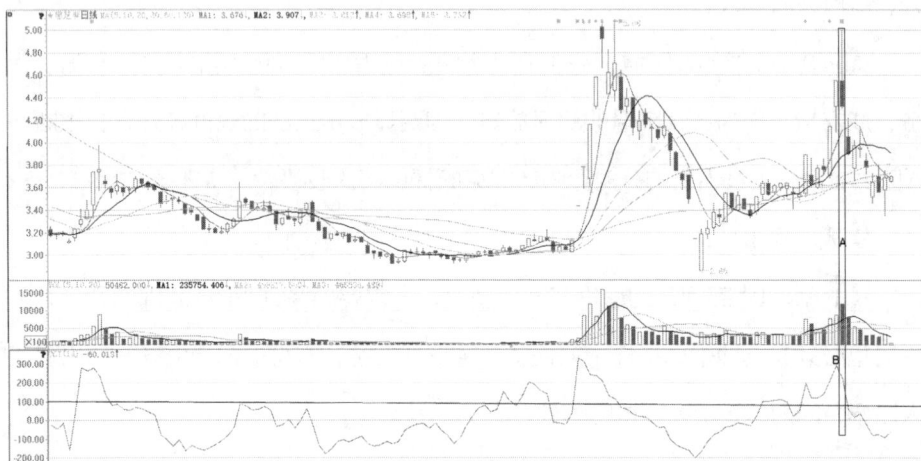

图9-12　黑芝麻-日线图

（2）CCI顶部转跌的量价齐跌形成时，只要形成明显的量价齐跌，或为大量状态的K线高位震荡滞涨，即应卖出股票，而不要非等到形成放量下跌的量价齐跌时再卖出。

如图9-12中B区域尚未形成量价齐跌，说明极有可能会出现背离式上涨，不应在B区域当日卖出股票。但到A区域后，形成长上影线的阴线下跌，成交量表现为明显的阴量放大，为量价齐跌形态。

综合以上两点内容，可以确认A区域形成CCI顶部转跌的量价齐跌，应果断卖出股票。

实战注意事项：

（1）CCI顶部转跌的量价齐跌形成时，如果CCI顶部回落的形态明显时，必须符合明显放量下跌或持续阴量下跌的量价齐跌时，方可卖出股票。

（2）如果在CCI顶部转跌的量价齐跌出现时，表现为股价的高位放量滞涨时，虽然不属于量价齐跌的卖点要求，但因为再持股已经无法获利，因此，同样要果断卖出股票。

（3）如果CCI顶部转跌的量价齐跌出现时，CCI与股价表现为背离状态，即顶背离上涨，这时判断出时机，只要CCI处于与股价同步向下的状态，出现阴量下跌，即可确认为量价齐跌，尤其是CCI跌破超买区的小阴量下跌，更应果断卖出股票。

9.2.6　原则六：缩量上涨后转跌要卖出

缩量上涨后转跌，是指股价在持续上涨的过程中，一旦形成缩量上涨，说明股价的上涨已经无法再吸引大量的跟风资金介入，所以，其后一旦出现阴量下跌时，就要及时卖出股票。

具体要求：

（1）缩量上涨后转跌出现时，首先必须确保形成明显的缩量上涨后，再形成阴量下跌。如图9-13所示，方盛制药（603998）在持续上涨中，进入A区域，形成明显股价上涨、成交阳量大幅缩减，CCI在超买区出现下行，这时就要观察其后是否转跌。

图9-13　方盛制药-日线图

（2）缩量上涨后转跌形成时，只要出现阴量下跌，或是高位震荡滞涨，即应卖出股票。

如图9-13中的B区域，CCI依然保持A区域的快速下行，且明显股价无力冲高出现回落，为震荡下跌状态，且与A区域形成高位放量滞涨，所以，即使是成交量依然保持阳量，也应在当日冲高中无法刷新高点快速回落时，及时卖出股票。

实战注意事项：

（1）缩量上涨后转跌形成时，必须确保缩量上涨中的缩量为阳量的缩量，因为阴量时股价是下跌的状态。

（2）缩量上涨后转跌出现时，缩量上涨不能表现为日线图的涨停阳线，也就是股价不是因为快速涨停所引发的缩量，因为缩量涨停是一种正常的、健康的快速上涨状态。

（3）根据缩量上涨后转跌来判断卖出时机时，应结合K线与5日均线的位置，以及斜率等综合判断是否出现快速转弱，但这需要投资者的经验，所以，此时最好的方法是结合分时图来进行判断，一旦形成分时图的弱势形态时，就应及时卖出股票。

（4）根据缩量上涨后转跌卖出股票时，经常会因投资者的经验不足而出现卖出过早的情况，一旦卖出后就不要轻易再买回，因为在此期间股价已经处于高位、分歧较大，再买入风险会远远高于收益。

9.2.7　原则七：高位放量滞涨一定要逢高卖出

高位放量滞涨，是股价在快速上涨过程中经常出现的一种顶部形态，虽然在此期间股价尚未形成快速转跌，但主力经常利用这种形态维持股价在高位区的大举出货，所以一经出现，就要及时逢高卖出股票，以便及时锁定利润。

具体要求：

（1）高位放量滞涨出现时，往往是股价短期经过一段明显的快速上涨后，成交量为当前的大量水平，可阴量也可阳量，K线保持在相近水平的震荡滞涨，允许其间出现短时的冲高回落或探底回升。

如图9-14所示，宝塔实业（000595）在经过B区域走势的CCI顶背离式上涨后，A区域出现K线横盘小幅震荡滞涨，成交量为当前较高水平的放量状态，这时应进一步观察。

图9-14　宝塔实业-日线图

（2）根据CCI指标的放量滞涨形态判断卖出时机时，CCI往往表现为高位水平震荡的形态，顶部转跌形态并不明显，但在判断股价的高位放量滞涨时，只要有三根K线和量能柱表现为高位放量滞涨时，即可确认为卖出时机。

如图9-14中的A区域，因为B区域的背离式上涨结束时，CCI走势并未形成下跌，而是与K线同步横盘，且K线与量柱均达到各三根。

综合以上两点内容，可确认A区域形成高位放量滞涨，一定要逢高果断卖出股票。

实战注意事项：

（1）根据高位放量滞涨判断卖点时，可以忽略CCI的走势，只要CCI不再表现为持续快速的上涨状态时，高位放量滞涨即可确认为卖出时机，而非上涨中途的短期整理行情。

（2）高位放量滞涨出现时，逢高卖出时应结合分时图，一旦股价在冲高过程中无力继续冲高，转为放量下行时，即可确认为高点形成的卖出时机。

（3）如果在高位放量滞涨期间，股价表现为一根上影线极长的K线时，若这根K线其间已经形成放量下跌，则应果断在第一时间卖出股票，而不要非等到高位放量滞涨形成后再逢高卖出股票。

9.3 操盘纪律

9.3.1 不依靠消息操作

消息在短线操盘中起着十分重要的作用，因为利好消息往往会形成股价的短期上涨，而利空消息又会形成股价短线的快速转跌，所以，消息经常会成为短线投资者的重要参考依据。

殊不知，这种根据消息操作的方式是完全错误的，也是造成许多股民赔钱的重要原因。在CCI操盘中，一定要遵守不依靠消息操作的纪律。

消息对股价的真实影响：

股价的上涨，一般是因为上市公司的基本面发生变化，尤其是持续上涨的牛股，但在大多数时候，短期的利好或利空消息，难以对基本面的变化起到决定性的影响。

比如公司签订大单的利好，以及突发的如原材料涨价的利空，都只是一种暂时的，因为上市公司的经营不是一朝一夕的，一个大单是无法彻底改变公司现状的，一个利空也无法从根本上改变公司的经营状态。

所以，即使是突发的某些关系到短时打破公司产品供需关系的利好或利空，也是难以在实质上改变公司的整个经营状态的，只能短期影响股价的波动。因此，在短线操作中，千万不可只根据消息来操作。因为在很多时候，那些短线的主力经常会利用股民对消息的依赖，反其道而行之，当利好出现时大举卖出，利空不断时大举建仓。

如图9-15所示，同花顺研究中心转发的一条来自大众证券报的信息显示，在2020年3月9日时，由于受到疫情的影响，口罩在国内可谓是"一罩难求"，作为口罩概念的新乡化纤等股票在当日出现快速涨停，如图9-16中新乡化纤（000949）日线图上A区域的显示。

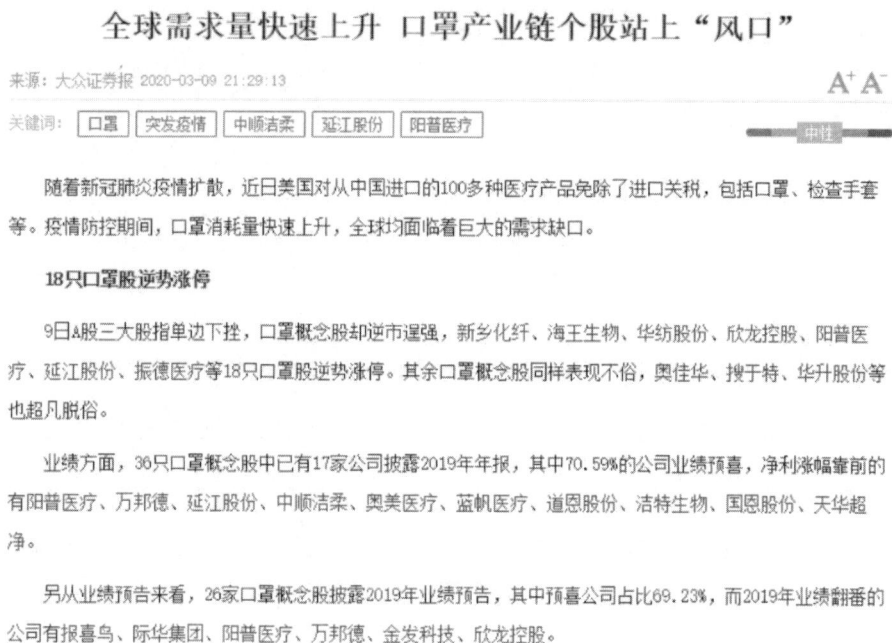

全球需求量快速上升　口罩产业链个股站上"风口"

来源：大众证券报　2020-03-09 21:29:13　　　　　　　　A⁺A⁻

关键词：　口罩　突发疫情　中顺洁柔　延江股份　阳普医疗　　　　　　中性

随着新冠肺炎疫情扩散，近日美国对从中国进口的100多种医疗产品免除了进口关税，包括口罩、检查手套等。疫情防控期间，口罩消耗量快速上升，全球均面临着巨大的需求缺口。

18只口罩股逆势涨停

9日A股三大股指单边下挫，口罩概念股却逆市逞强，新乡化纤、海王生物、华纺股份、欣龙控股、阳普医疗、延江股份、振德医疗等18只口罩股逆势涨停。其余口罩概念股同样表现不俗，奥佳华、搜于特、华升股份等也凡脱俗。

业绩方面，36只口罩概念股中已有17家公司披露2019年年报，其中70.59%的公司业绩预喜，净利涨幅靠前的有阳普医疗、万邦德、延江股份、中顺洁柔、奥美医疗、蓝帆医疗、道恩股份、洁特生物、国恩股份、天华超净。

另从业绩预告来看，26家口罩概念股披露2019年业绩预告，其中预喜公司占比69.23%，而2019年业绩翻番的公司有报喜鸟、际华集团、阳普医疗、万邦德、金发科技、欣龙控股。

图9-15　同花顺研究中心

但事实上，如果投资者根据图9-15中的利好消息买入股票，图9-16中A区域后的交易日中，不仅没有实现获利，反而会因股价的持续下跌，造成大幅亏损。

因为在疫情严重的时间段内，很多企业是否能够达到100％的复工暂且不说，即使是新乡化纤实现全员复工，其生产能力也难以出现大幅提升，不过是产品在短期内不会形成积压而已。且前期股价已经出现大幅上涨，主力刚好借机实现高位出货。因此，中小投资者在炒股时一定不要只以消息来操作股票。

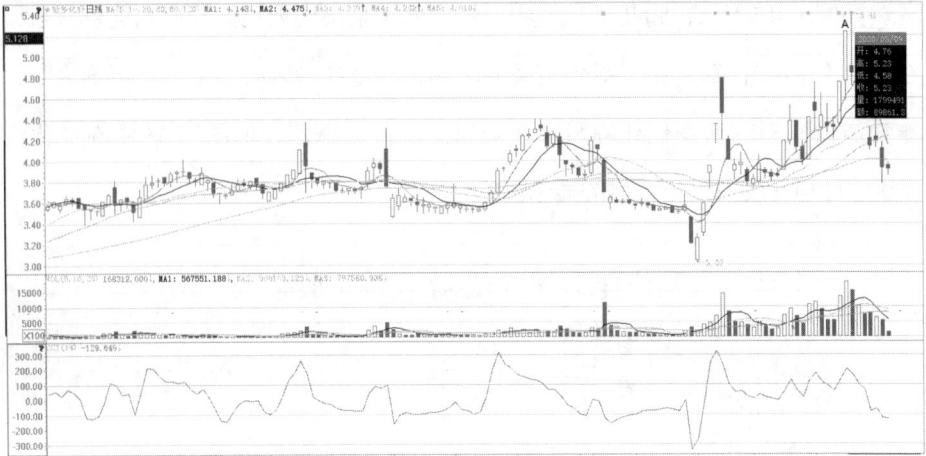

图9-16　新乡化纤-日线图

识别消息的方法：

（1）当消息出现时，不管是利空还是利好，只要多从上市公司的基本面出发，将这一消息放在公司的整个经营过程中去分析，就会发现这一消息对上市公司的影响大小。

（2）要明白消息对于普通投资者来说往往都是延后的，比如上市公司的重组等重大利好消息，其进展虽然可以通过公告得知，但实质的进展情况根本无法在第一时间得知，因为普通投资者没有时间及时到上市公司调研。

所以消息一出，就已经落后于机构投资者，因为只要重组成功的上市公司，重组成功前后，股价早已经过一轮接连一字涨停板的上涨，即使明显重组已经成功，也是无法参与的，等能够参与时，股价已经涨到了"天上"。

（3）对于突发事件的利好或利空消息，多从事件本身的持续性来考虑突发事件对上市公司的真正影响，因为只有那些可持续影响时间长的突发消息，才能真正影响上市公司基本面的改变。而所有上市公司基本面的彻底改变，都是一个渐变的过程，从来没有一蹴而就的突发改变，除非人类出现重大灾难，所以，应遵从技术面的变化来操作股票。

9.3.2　不要全仓操作

全仓操作，就是买入与卖出股票时，喜欢以全部资金一次性地买入或卖出，这种全仓买全仓卖的操作方式是一种非常不好的操作方式，很多投资者之所以经常亏损，就是因为这种全仓操作引发的，因此，在操盘中一定要遵守不全仓操作的纪律。

引发股民全仓操作的根源及危害：

造成投资者全仓操作的最根本原因就是喜欢加大投资资金，以获取更高的收益。这一点本无可厚非，但经常全仓操作，很容易形成侥幸和赌博心理、追涨杀跌等恶习。因为股票操作不是你投入的资金越大，收益就越大。尤其是短线操盘，投入越大，风险也越大。且难以在第一时间抽身而出，再发现好股票时，无法参与，最终无法获利，并持续加大亏损。

如图9-17所示的南天信息（000948），尽管在A区域出现CCI向上突破常态区后在超买区大角度快速上行，均线也表现为5日均线转为上行恢复多头上涨趋势的形态，量价也表现为明显放量上涨，但操作时一定不要全仓操作，因为如果全仓操作，其后很容易被短线的大幅波动，以及其后的快速震荡走弱，造成巨大的亏损，一旦再发现其他的强势股时，根本没有资金买入，且长期这样操作，只能引发不停地在赌博心理下的频繁追涨杀跌。

图9-17　南天信息-日线图

改变全仓操作的方法：

（1）要明白股票投资的获利模式，是以盈利比例计算的，与投入资金的多少关系并不大，只要能够确保一定比例的盈利，才能取得获利不断的收益。

（2）要明白炒股不等同于赌博，一个人不可能通过短期的一两次股票投资，就获得巨大的利润，炒股是一种长期投资、长期获利的事情，所以，即使资金投入再少，只要能够确保收益，并持续保持盈利，最终的收益累积到一起，也是十分可观的。

（3）要明白股票投资只是一个人生活中的一小部分，不是全部，所以一定不要把所有的精力都投入到股票投资中，这样也就不会养成全仓操作的恶习。因为在生活中，还有许多值得我们去做的事情。

9.3.3　不要老盯盘

只要是炒股就离不开盯盘，因为不盯盘就无法观察，但老盯盘则是一种操盘的大忌，因为只要炒股者老是盯盘，就无法摆脱个股行情对投资心理的影响，从而冲动地去操作。因此，老盯盘也是最容易引发投资失败的重要原因之一。在操作中一定要遵守不要老盯盘的纪律。

正确的盯盘方式与时间点：

（1）早盘30分，是指一个交易日内的9点30分开盘到10点，这一时间段往往是多空争夺最激烈的时间，许多股票强势上涨或强势下跌时，多数会在这一时间段内最先出现，是操盘中不容忽视的时间点。

如图9-18所示，佛慈药业（002644）2020年3月16日分时走势上，在早盘30分内，A区域明显大幅高开后，小幅震荡后即出现B区域的快速上涨，且出现快速涨停。所以，买入股票或是加仓操作中，这类形态的股票均是提前买入或加仓的良机，一定不能忽略早盘30分的盯盘时间点。

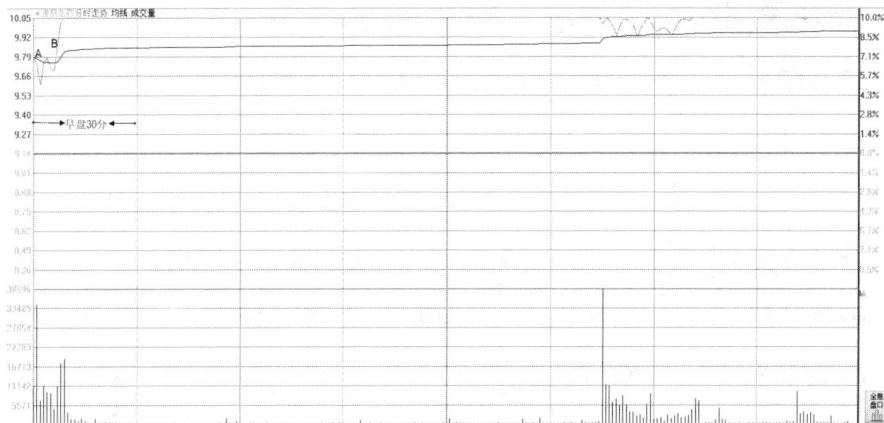

图9-18　佛慈药业-2020年3月16日分时走势

（2）10点至10点30分。一只股票，往往经过了早盘的多空争夺，到10点后才会真实反映出早盘争夺的结果，恢复到正常的走势，其强弱状态也会在10点至10点30分真实反映出来，所以是操盘中关键的时间点。

如图9-19所示，菲利华（300395）2020年2月11日分时走势，早盘股价表现为高开横盘震荡，但到了10点至10点30分，股价线出现快速上行，其后转为走强，形成高开震荡后放量走强，说明这一交易日中股价表现为强势，若日线图上形成买入形态及买点时，10点至10点30分则为具体的分时图买入时机。因此，不能忽视10点至10点30分这一时间点的看盘。

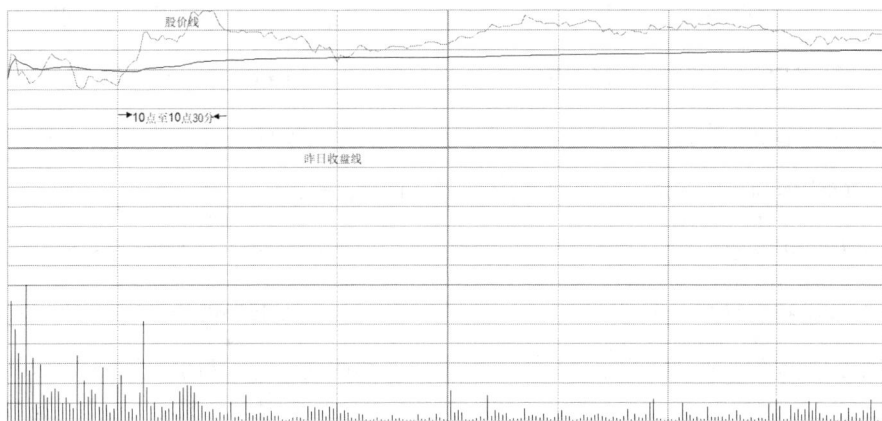

图9-19　菲利华-2020年2月11日分时走势

（3）午后开盘30分。经过中午的短暂休息和午饭时间后，多空双方也经常会在午后一开盘，即突然发动攻势，所以，午后开盘30分内也是最容易出现变盘的时间点。

如图9-20所示，众信旅游（002707）2020年2月6日分时走势上，整个上午，股价线均表现为在昨日收盘线略下方附近的横盘震荡，但到了下午开盘不久的30分钟内的A区域，股价线出现大角度快速上行的区间放量，若是日线图也形成买入形态及买点，则A区域为最佳的分时图买入时机。因此，看盘中不可忽视午后开盘后30分钟这一时间点。

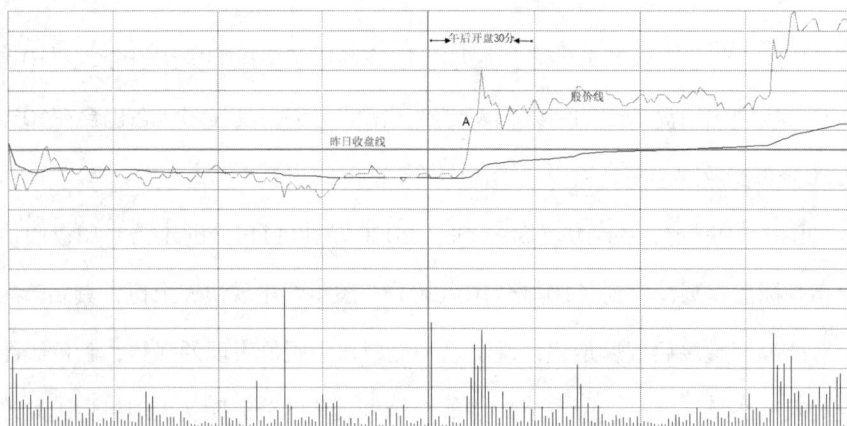

图9-20　众信旅游-2020年2月6日分时走势

（4）14点左右。14点属于盘中时间，是指14点前后一共30分钟内，即13点45分至14点15分。经过上午的激烈争夺，以及午后开盘后的争夺，多空双方到14点左右时，都已经比较疲乏，所以，那些操盘策略明主力往往也会利用14点左右这一时间突然向对方发难，也是极易出现变盘的时间点。

如图9-21所示，金能科技（603113）2020年3月4日分时走势，整个上午及午后开盘后，股价一走表现为突破昨日收盘线后在上方的小幅横盘震荡，但到了下午14点前后15分钟期间的A区域，出现股价线快速上行，若是日线图上形成买入形态与买点，则A区域为最佳的分时图介入时机。因此，看盘中不可忽视14点左右这一时间点。

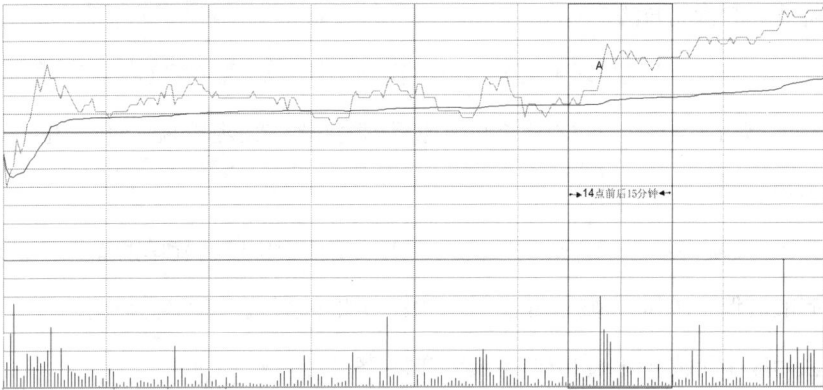

图9-21　金能科技-2020年3月4日分时走势

（5）尾盘30分，是指14点30分至15点收盘前。由于尾盘的收盘价直接关系到下一个交易日的开盘价高低，所以，无论多空双方都会重视尾盘的收盘，以更利于下一个交易日的开盘作价能够如愿以偿，因此，尾盘30分也是最容易引发变盘的时间点，因为多空双方也会经常利用这一时间段突然发难，此时离收盘时间很近，等对手反应过来收盘已近，难以再改变现状。

如图9-22所示，雄韬股份（002733）2020年2月7日分时走势，全天股价一直保持围绕昨日收盘线的小幅水平震荡，但进入尾盘30分钟内时，A区域突然出现股价线大角度上行的区间放量，说明已经启动上涨，若是日线图也形成买入形态和买点，则A区域成为最佳的介入点。因此，看盘时不应忽视尾盘30分这一时间点。

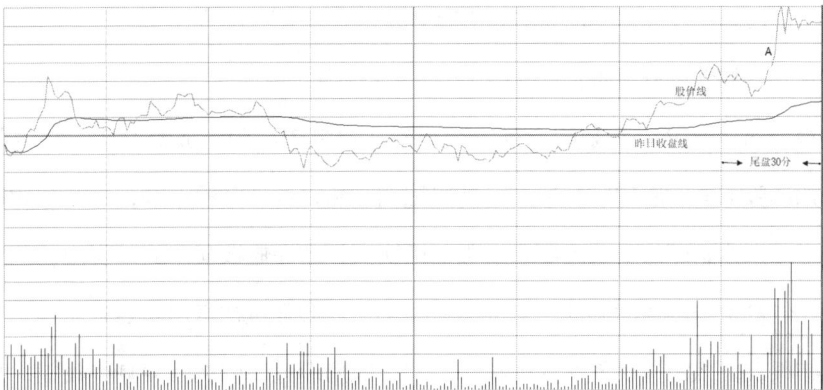

图9-22　雄韬股份-2020年2月7日分时走势

克服老盯盘的方法：

（1）首先在选股阶段就要养成好的操作习惯，尽量选择在收盘后或周六、周日等节假日去选股，这样就能够避免看到短线突然走强的强势股产生心理波动，影响选股工作。

（2）要明白炒股绝不是简单委托买入或委托卖出这么简单的操作，必须按照正确的流程来操作。也就是说，股票操作的时间很短，事实上前期却有很长时间要去为操作而做准备，如选股和持续的观察。

（3）选好股后的观察阶段，也应尽量选择在收盘后的时间，只有那些即将形成底部回升形态的股票，方可在交易时间的几个重要时间点去观察。因为即使是即将形成底部回升的股票，强势上涨也是难以一蹴而就的。

（4）买入股票后的持股中，应主要观察持股的强势，所以，只要严格按照看盘的五个时间点，在一个交易日内的关键时间点内注意看盘，观察是否出现异动，以便及时做出反应。

9.3.4 克服贪婪

贪婪是人类的本性，对于每一位入市的股民而言，都不要过分自责内心的贪婪欲望，因为它是人的本性，但在操盘过程中，一定要努力克服贪婪的心理和行为，一旦贪婪作怪，就很容易造成失败，所以，贪婪也是投资者经常赔钱的重要因素，在操盘过程中，一定要努力克服贪婪。

贪婪容易造成的危害：

投资者一旦产生贪婪的心理，就容易在贪婪的欲望下放松对操盘技术的要求，如选股标准、底部回升形态、持股强弱判断、顶部回落形态，以及买卖点要求，形成未达到要求或买股要求勉强时即买入，或在应该卖出时不卖出，因为贪婪会让你产生一种侥幸心理，这时的心理预期就会强过技术形态要求，坐、等、看的结果，要么错过最佳买入时机，与牛股擦肩而过，要么就会减少收益，甚至是赚钱的操作演变为赔钱的结果，甚至是长期被套。

一旦在这种贪婪心理下产生错误操作，又有容易形成赌博心理下的频繁操作、反复追涨杀跌等行为，从而忽略技术走势，造成长期投资、长期亏损的结果。

如图9-23所示的烽火电子（000561），如果在A区域持续小阳量上涨的基础上，于B区域CCI突破常态区的持续放量上涨买入股票，当C区域应当卖出时不卖，而心生贪婪，想再等等、看看，则必然会受到其后股价短线快速下跌的影响，一旦卖出，则原本获利的操作就会演变为亏损。

图9-23　烽火电子-日线图

若是到了其后的D区域时，明显已经形成大量状态的量价齐跌，如果依然心存贪婪，未卖出股票，则其后必然会承担股价持续快速下跌所带来的亏损。因此，操盘中一定要克服贪婪的心理，严格按照买卖要求来交易。

克服贪婪的方法：

（1）认真学习CCI炒股技术，并严格按照CCI短线操作体系的规定去一一执行和落实，做到令行禁止，因为只有严格按照操盘步骤和要求去执行，才不会因为贪婪心理的出现，改变操作行为。

（2）不要总盯盘，因为投资者内心所有的贪婪心理，都是看到盘面上的强势股而产生的冲动，从而心生贪婪，所以一定要严格按照盯盘的要求，在五个重要的时间点去看盘，这样就避免了老盯盘滋生贪婪的心理。

（3）通过反复学习和轻仓实战，真正掌握CCI操盘的每一个环节，以及熟悉所有的操盘技巧和动手操作能力，这样就会养成良好的操盘方式，拥有应对行情的能力和方法，不会遇到突发事件后不知从何下手，如何应对，从而在坐、等、看中让贪婪心理滋生。

9.3.5　不补仓

在根据CCI短线操作牛股时，当发现CCI与辅助指标的底部回升形态后，一旦买入股票，发现股价并未如期走强，反而出现震荡走弱时，很多人都习惯性地喜欢去补仓。

这种看似正常的行为，其实是一种错误的操盘，也是很多人在炒股中容易引发最终赔钱的根本原因。所以在操盘中，一定要遵守不补仓的纪律。

不补仓的原因：

在CCI操盘中，因为是短线寻找牛股的操盘方式，也就是要始终坚持买强不买弱，所以，一旦买入后股价出现走弱，虽然走弱止跌时的补仓买入，能够摊薄持股成本，一旦股价回升，很容易解套，并提升获利幅度。

但事实上，买入股票后的股价走弱行为，同时也说明股价未真正走强，仍然处于弱势中，补仓后一旦再次转弱，甚至是回升弱势，必然会加重持股的心理折磨，甚至出现更大的亏损。

因为买入后股价未如期转强，就无法保证其后获利，所以，此时补仓的行为，无疑是加重仓位买入一只未来风险较高股票的行为，是错误操作后加重这种错误的愚蠢操作，结果只能是赔钱、加大亏损的局面。

如图9-24所示的信立泰（002294），如果在A区域以CCI大角度突破常态区、均线多头排列的明显放量上涨在冲高过程中买入这只股票，其后的B区域，发现股价震荡跌破成本价，这时一定不要补仓，如果买入后震荡走低，则说明股价的短期强势不明显，为震荡走高的行为，一旦补仓，其后必然会大幅被套。因此，在CCI操盘中，一定要遵守不补仓的纪律。

图9-24 信立泰-日线图

实战注意事项：

（1）CCI捕捉牛股的操盘，是一种短线寻找牛股的行为，所以，必须始终遵守买强不买弱的投资理念。即使是中长线操盘时，补仓也只能是在低位建仓后，补强不补弱的操作，也就是补仓时，一定要补在股价震荡走高中回调止跌时，而非震荡走低的止跌回升时。

（2）在根据CCI捕捉牛股的操作中，一定要从思想意识上彻底根除补仓的意识，按照仓位管理要求中加仓与减仓的方法来操作，因为只有持股越是表现为强势时，后市股价出现加速上涨的概率越大，反而是走弱的股票会出现大概率的持续走弱。这就是资本市场的一个重要特征和规律：强者恒强、弱者恒弱。

（3）在中长线操盘中，正确的补仓操作是在低位买入股票后，其后的震荡走高时，一旦未跌破前期低点，即出现止跌回升时，方可补仓操作。

9.3.6 不在最低点抄底

抄底是绝大多数投资者在操盘中都十分热衷的一种操作方式，因为抄底操作后，一旦股价出现回升的上涨走势，其涨幅往往极大，收益会更高。但是很多投资者却忽略了，如果抄底后股价未能出现止跌回升，则其后往往会面临长期被套或大幅亏损的局面。因此，在操盘中一定要遵守不在最低点抄底的纪律。

正确的CCI抄底方法：

在根据CCI短线操作牛股时，一定要明白，CCI的抄底不是在最低点回升时，而是在股价弱势转强，形成CCI与辅助指标的底部回升形态，同时形成量价买点时。也就是说，CCI操盘的抄底，哪怕是抢反弹操作的抄底，即CCI二次跌破超卖区域时，也应根据回升时的量价表现来抄底，而并不一定就意味着股价是在绝对低点出现止跌回升，而是股价在CCI弱势回升时，形成量价的快速启动时。不一定是最低点回升时，而是相对低位的快速止跌回升时。

如图9-25所示的久其软件（002279），在买入股票时，应在B区域CCI大角度上行、均线多头排列初期的持续放量上涨时抄底买入，而不是在C区域的低点时买入。

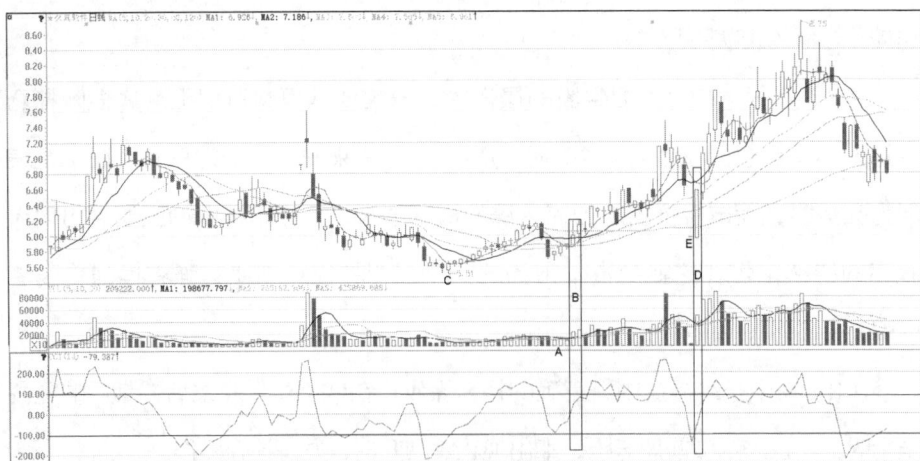

图9-25　久其软件-日线图

同样，在上涨走势的回调中，正确的抄底买入是在D区域CCI大角度上行、5日均线转上行的恢复多头排列时的放量上涨时提前买入，而不是之前E区域的震荡低点时抄底买入。

克服在最低点抄底的方法：

（1）正确区分出股价创新低后的回升形态，与CCI触底回升时的启涨形态之间的差别，严格按照CCI触底回升形态，与辅助指标的助涨形态，以及量价买点要求来判断CCI的底部回升形态，而不要见到股价创新低后的止跌回升来进行抄底操作。

（2）明白正确的常规波段的抄底方法，是通过两个低点呈后一个高于前一个低点时进行抄底买入。或是MACD与其他指标，抄底在股价结束弱势、形成快速上涨时的技术形态与量价形态，进行抄底。

（3）在持续快速下跌的极弱行情，抢反弹的抄底时，应结合大盘的形态来判断，这种抄绝对底时，往往是大盘处于熊市之初的快速下跌过程中出现的报复性反弹，一定要结合大盘与个股的走势和量价来判断抄底的时机，但同样不能抄在最低点。因为低点不回升走出来是无法确认为底的。

9.4　仓位管理

9.4.1　轻仓

轻仓，就是买入股票时的资金数量处于相对较小的状态。在CCI操盘中，一定要明白轻仓的具体意义，因为CCI操盘是短线操盘，轻仓操作只适合处于初学CCI操盘技术时期的投资者。

具体的轻仓要求：

在CCI操盘中，边学习边实战的轻仓，是指以证券交易制度的最低量水平100股为最低基数，进行适当的向上浮动，通常以两三百股为准，最多不能超过500股。

如图9-26所示的奥飞娱乐（002292），无论是在A区域的CCI大角度向上突破常态区的均线多头排列初期时的持续放量上涨买点，还是其后B区域上涨趋势调整行情结束时的CCI大角度突破常态区、均线恢复多头排列的温和放量上涨买点，只要是初学者，就应在A区域或B区域时以100～500股不等的数量轻仓买入。

图9-26　奥飞娱乐-日线图

实战注意事项：

（1）投资者在轻仓操作中，一定要明白轻仓不是目的，是通过实战来验证CCI操盘技术，并熟练操作。因此，轻仓不是以投资盈利为目的操作，只是通过轻仓的方式来检验自己对CCI技术的操作方法、熟练操作行为的一种方式，因为不经过实战的练习，所有的技术都只停留在理论上。

（2）通过反复轻仓的实战练习，不断总结和积累实战经验，同时熟练操作行为，以练成快、准、狠的短线操盘风格。

（3）轻仓操作时，不要选择那些绝对股价相对高的股票作为目标股，如两市第一高价股的贵州茅台，或是其他百元股。因为绝对股价高的股票，即使是100股，资金量也很大，如贵州茅台目前达到每股1 800元（截至2021年11月22日）以上，即使100股，也要至少投入十八万多元。

（4）对于CCI操盘技术熟练的投资者，切记不可在技术形态勉强时，轻仓操作，因为这是一种放松要求的对投资不负责任的行为，长期如此，会养成操作不严谨的态度和操盘习惯。

9.4.2　重仓

重仓，就是交易时的资金数量所占总资金的数量比例较大。因此，重仓操作往往适合那些对CCI操盘技术熟练后的投资者，在操盘熟练后使用，所以，必须明白CCI操盘中重仓的具体要求。

重仓的具体要求：

（1）重仓的资金要求，应最少在全部账户内资金总量至少一半仓位，甚至是更高时，但最高不可超过资金总量的2/3。

如图9-27所示，新朋股份（002328）中的A区域，在长期弱势震荡中，进入A区域，CCI出现在超卖区域的大角度快速上行到超买区，均线为多头排列初期，量价表现为温和放量上涨。

这时就应根据A区域最右侧K线当日的分时图，即图9-28中A区域或B区域股价线在突破昨日收盘线的持续上行中，大角度上行的区间放量时，突破C区域或D区域，股价线大角度上行突破前期回调时的高点时，只要熟悉CCI操盘技术与操作的投资者，即应及时以总资金1/2～2/3的比例重仓买入股票。

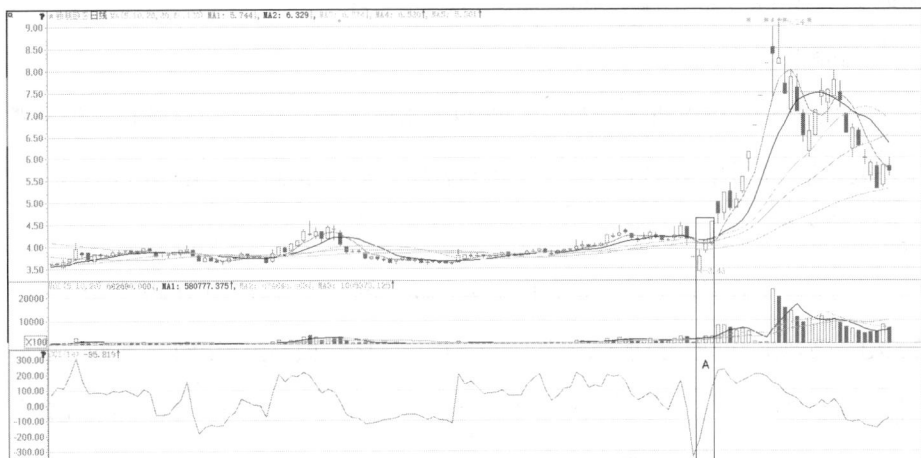

图9-27　新朋股份-日线图

图9-28　新朋股份-2020年2月6日分时走势

（2）重仓操作时，应根据CCI与辅助指标的底部回升形态标准、量价买点表现为持续放量上涨、底部堆量后上涨期间出现快速冲击涨停类的短线强势股出现时，再提高到重仓要求的最高资金量比例来操作。

如图9-27中A区域即为CCI底部回升形态、均线多头排列初期的买入形态，同时量价也表现为温和放量上涨，且最右侧的一根K线为涨停阳线，因此可以图9-28中涨停前，以资金总量2/3的比例重仓买入。

实战注意事项：

（1）重仓操作更适合那些对CCI操盘技术熟练的投资者使用，所以，初学者或正处于学习阶段的投资者，在实战的过程中，即使是遇到了再强势的启涨股，也不应重仓操作。

（2）在重仓操作时，一定要克服全仓操作的习惯，最高不可超过资金总量的2/3，因为CCI操盘均为短线操作，一旦操作失败，极易出现操作失败的亏损。因此，重仓操作时一定不要全仓，留出至少1/3的仓位，当条件允许时进行加仓与减仓操作，同时也会降低投资风险。

（3）重仓操作时，一定要坚守强中择强的交易原则，只有CCI与辅助指标形成越是强势的底部回升形态和辅助指标的强势助涨形态，以及强势的买点时，方可提升重仓投资的资金比例。

9.4.3　加仓与减仓

加仓与减仓，是CCI操盘中一种重要的仓位管理，但并不是买入一只股票后都要进行加仓与减仓操作，只有股价表现出极强的上涨状态时，方可加仓操作，并在其后的转弱初期再减仓操作。因此，加仓与减仓有着极强的要求与对时机的把握。

加仓与减仓的具体要求：

（1）加仓。是在买入股票的初始阶段，一旦发现股价出现分时图上的高开快速高走或平开快速高走，甚至是小幅低开后快速高走时，形成区间放量的股价线大角度上行时，即应在股价接近涨停的高位区，实施加仓买入操作。

如图9-29所示的均胜电子（600699），如果在A区域CCI大角度突破常态区、均线多头排列下的放量上涨买入股票。到其后明显表现为一字涨停板，在B区域就应及时观察分时图变化，看是否可以加仓操作。

图9-29　均胜电子-日线图

如图9-29中B区域的分时走势，即图9-30的情况，发现当日股价在小幅低开后出现大角度上行，但突破昨日收盘线后一直保持在昨日收盘线上方的强势震荡，但到B区域，明显形成放量状态的股价线大角度上行，说明股价已经出现加速上涨，应及时加仓买入。

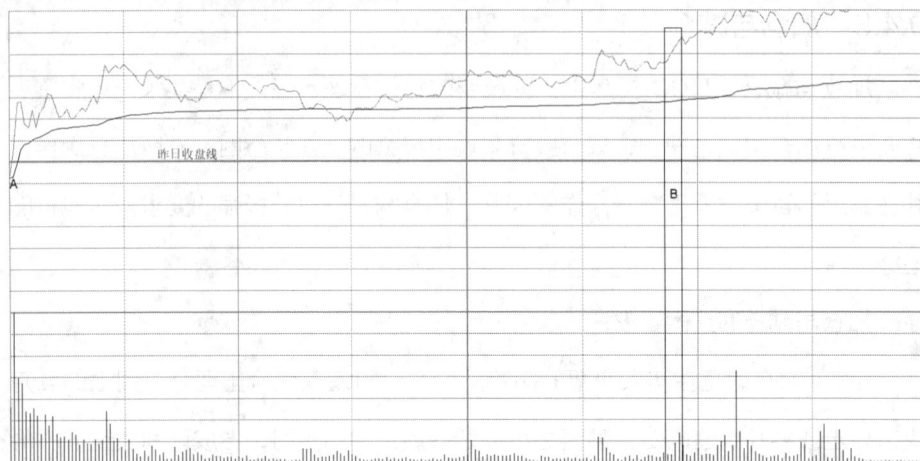

图9-30　均胜电子-2020年2月6日分时走势

（2）减仓，是指在加仓买入后，一旦发现股价出现上涨无力时，哪怕是分时图上出现短时的弱势状态，即股价线快速跌破昨日收盘线，只要出现区间放量，就应果断减仓。

同样以图9-29中的这只股票为例，在B区域加仓后，在持有的过程中，到了C区域，也就是图9-31中新朋股份在2020年2月21日的分时走势，发现股价在小幅低开后，出现放量状态的股价线几近直线的大角度下行，因此，应果断将之前加仓买入的股票数量减仓卖出。

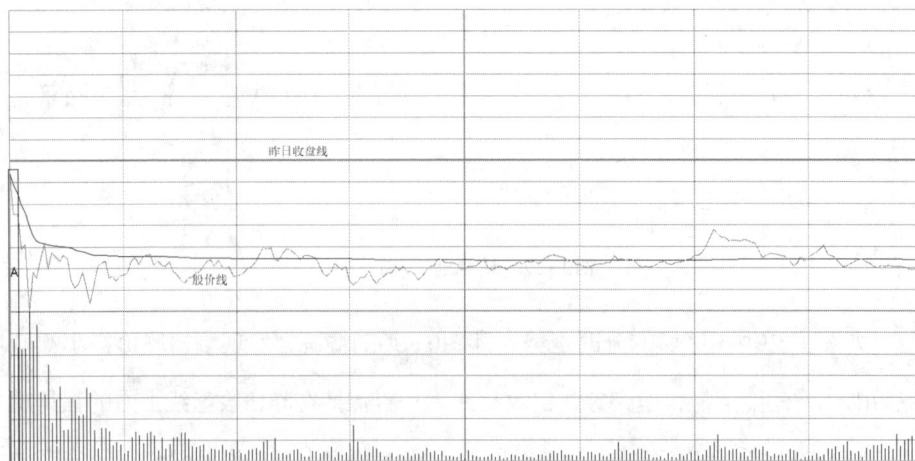

图9-31　新朋股份-2020年2月21日分时走势

实战注意事项：

（1）在加仓中，只有买入股票的初期阶段出现的股价快速上涨，并接近涨停时才是安全的加仓点。这种手法类似于短线的抢涨停板操作，越是股价出现快速上涨，甚至是接近涨停时，加仓操作越安全。

（2）在减仓操作中，只要发现持股出现弱势特点，也就是分时图上跌破昨日收盘线，哪怕只是一种弱势调整，也应及时减掉加仓的股票数量。

（3）如果之前未进行加仓操作，只是持股中发现股价形成弱势，也应根据减仓要求，适当减仓，以降低持股风险。

（4）加仓与减仓操作，考验的是投资者在持股过程中通过股价的短时快速波动，捕捉短线强弱的操作，所以对操作时机的把握非常重要，只有在平时的学习中多通过实战来练习，才能积累操盘经验，以确保熟练后对加仓与减仓操作时机的准确把握。

9.5　交易技巧

9.5.1　技巧一：量价齐升，重仓买入

量价齐升是股价健康的上涨形态，所以，只要CCI与辅助指标形成底部回升形态期间，一旦出现量价齐升的状态时，就要敢于在第一时间内重仓买入股票。这一点是CCI操盘中的一个重要技巧。

具体技巧与要求：

（1）在根据量价齐升买入股票时，一定要确保CCI形成底部回升形态，辅助指标同时也形成助涨形态时，方可在量价表现为明显放量上涨、持续放量上涨、温和放量上涨、底部堆量后上涨中的任意一种形态出现时，再重仓买入。

如图9-32所示，中欣氟材（002915）在A区域，CCI出现大角度向上突破常态区，均线也转为长期均线上行中的短期均线恢复上行，符合CCI底部回升形态

与辅助指标中均线的助涨要求，这时即可观察量价形态。

图9-32　中欣氟材-日线图

（2）量价齐升的重仓买入时，一定要留意一种提前买入时机的判断和把握，即日线图上达到量价齐升要求时，只要分时图上出现高开高走、平开高走的股价线大角度上行，表现为区间放量时，应提前买入股票。

如图9-32中的A区域，股价持续阳线上涨，且最右侧的长阳线为涨停阳线，成交量表现为温和放量上涨，符合提前买入要求，应果断在A区域右侧的阳线涨停前或是下一个交易日B区域的打开涨停又快速回升封涨停前的C区域放量上涨的量价齐升形态中，果断重仓买入股票。

实战注意事项：

（1）量价齐升是所有技术指标买入形态期间判断买点成立的标准，但在CCI操盘时，一定要在量价齐升形成CCI底部回升形态时，辅助指标也形成助涨形态，才能确保量价齐升买入的安全。

（2）在根据量价齐升重仓操作时，一定要留意分时图上是否符合提前买入的要求，操作时一定要结合日线图，即日线图形成CCI与辅助指标的底部回升期间的量价齐升时，再根据分时图的短线强势特征提前买入。

（3）在日线图结合分时图的量价齐升状态提前买入股票时，越是高开快速高走的区间放量，越是理想和安全，如果是弱势状态形成的股价线大角度上行时，必须确保突破移动平均线后依然保持区间放量的快速上涨时，方可买入。

也就是说提前买入时，越是股价接近涨停时的股价线大角度上行的区间放量，越是安全和可信。越是股价线距离涨停价越远时，相对买入后的不确定因素越大。

9.5.2　技巧二：量价齐跌，坚决卖出

在CCI短线操盘中，CCI的顶部转弱形态固然重要，但由于存在CCI顶背离的状态，所以在卖出股票时，一定要遵守量价为先的交易原则，只要发现CCI在高位区形成量价齐跌，就应果断卖出股票。

具体技巧与要求：

（1）量价齐跌必须出现在日线图上，表现为持续上涨中的阴线阴量下跌。原则上可以忽略CCI的位置，只要CCI不再快速上行转下行时，即可确认为卖出时机。

如图9-33所示，中材科技（002080）在A段和B段走势的CCI背离式上涨过程中，进入C区域，CCI形成高点回落后的下行，量价表现为阴量阴线下跌，所以，基本符合持续上涨中出现的量价齐跌，这时就要观察分时图来判断是否符合提前卖出要求。

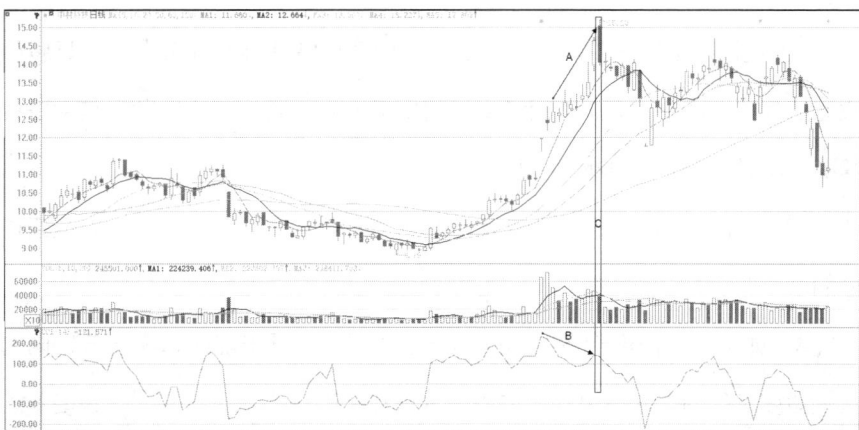

图9-33　中材科技-日线图

（2）在量价齐跌卖出股票时，有一种提前卖出的时机一定要掌握，就是当日线图上放量下跌的程度还保持在初期状态时，只要分时图上形成大幅高开快速低走、平开快速低走的区间放量时，或是直接大幅低开略低走的弱势状态时，就要及时提前卖出股票。

如图9-34即为图9-33中中材科技C区域2020年1月14日的分时走势，可以明显看到，在开盘后的B区域，股价在大幅高开的情况下，出现大角度快速下行的区间放量，所以，应果断在B区域提前卖出股票。

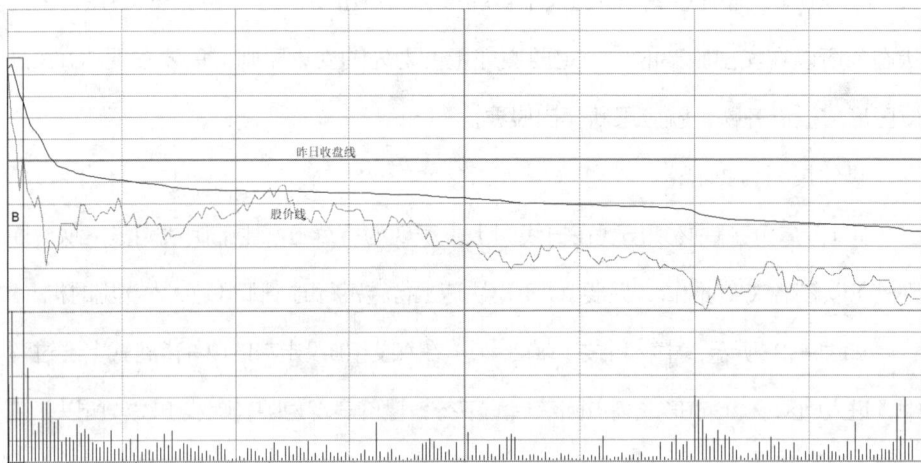

图9-34　中材科技-2020年1月14日分时走势

实战注意事项：

（1）在根据量价齐跌卖出股票时，一定要留意两种特殊形态：一是股价在高位区的放量滞涨；二是CCI顶背离的阴量下跌。只要在持股中发现其中任意一种情况出现时，同样应果断卖出股票。

（2）当量价齐跌明显时，也就是形成卖点时的标准量价形态，以及四种不明显的量价形态时，都要在第一时间内及时卖出股票。

（3）如果在根据量价齐跌提前卖出股票时，通常出现在早盘30分钟内的股价线大角度下行的区间放量，但如果出现在盘中的任意一个时间时，也绝不能漠视，甚至是存在坐、等、看的思想，一定要在第一时间果断卖出，因为强势股转跌时都是极快的，稍一迟疑，就有可能出现大幅下跌，甚至是直接封在跌停板上无法卖出。

9.5.3　技巧三：二次跌破常态区的放量回升，坚决买入

二次跌破常态区的放量回升，是抢反弹操作时的一种CCI形态，寻找的是股价对CCI弱势彻底改变初期的回升形态，所以，只要在股价二次跌破常态区域后形成放量回升时，就要果断买入股票。

具体要求与交易技巧：

（1）二次跌破常态区的放量回升出现前，往往是在股价经过大幅下跌后的弱势状态时，通常CCI两次跌破常态区域的时间不会太长。

如图9-35所示的山西汾酒（600809），股价在经过D段长期大幅的下跌走势中，先后在A区域与B区域出现两次跌破常态区域下沿地线-100进入超卖区域的情况，中间相隔时间较短，表明短期已经快速释放了下跌动能，这时就要观察是否形成放量回升。

图9-35　山西汾酒-日线图

（2）二次跌破常态区的放量回升出现时，必须确保形成了放量上涨，量能持续放量越明显时，则反弹越可信。如图9-35中的C区域，股价在阳线上涨的同

时，成交量也表现为持续放量上涨的放量回升。

综合以上两点内容，可确认C区域形成二次跌破常态区的放量回升，应坚决买入股票。

实战注意事项：

（1）由于二次跌破常态区的放量回升中，是通过CCI寻找极弱状态下的股价否极泰来的抢反弹操作，所以，前期越是经过大幅下跌的股票出现，报复性反弹的幅度和力度越是可期。

（2）在二次跌破常态区的放量回升出现时，因为是抢反弹的操作，所以，在此期间往往其他指标会出现不同程度的钝化，因此，只要确保放量回升，股价也保持强劲的上涨状态即可，哪怕是前期CCI出现底背离，CCI放量回升的股价上涨，也说明CCI与股价已经出现同步向上的强势运行。

（3）根据二次跌破常态区的放量回升买入股票时，尽量不要根据一根K线与阳量柱来判断，至少要两根时方可确认，同时不要在意量能的过大，因为此类抢反弹期间，量能越大越能说明短期的反弹，所以，只要为持续阳量大量即可买入。

9.5.4 技巧四：二次突破常态区的阴量转跌，坚决卖出

二次突破常态区的阴量转跌，是一种根据CCI运行规律中顶部转弱形成初期的一种CCI与量价转弱表现的卖出形态，因为当CCI二次向上突破常态区的情况，类似于人死亡前的回光返照，所以，只要出现阴量转跌，就意味着股价的上涨已经结束，应及时卖出股票。

具体要求与交易技巧：

（1）二次突破常态区的阴量转跌出现时的CCI表现为：当CCI首次向上突破常态区域，进入超买区域的向上运行时，当再次跌破超买区域回到常态区域后，未持续下跌，反而转为第二次向上突破常态区，进入超买区。

如图9-36所示，顺鑫农业（000860）在A段上涨走势中，B区域出现CCI

快速突破常态区，进入+100以上的超卖区，持续上行中又转为下行，跌破超买区，但其后C区域很快又回升向上突破常态区，再次进入超买区，形成CCI二次突破常态区，这时就应及时观察是否出现了阴量转跌，以确认是否卖出股票。

图9-36　顺鑫农业-日线图

（2）二次突破常态区的阴量转跌形成期间，当CCI二次突破常态区域出现拐头向下时，表现为阴量下跌的量价形态，即是最佳的卖出时机。如图9-36中的D区域，CCI二次突破常态区后，小幅上行后即转为下行，且形成阴线阴量的下跌。

综合以上两点内容，可确认D区域为CCI二次突破常态区的阴量转跌，应坚决卖出股票。

实战注意事项：

（1）二次突破常态区的阴量转跌是CCI与量价两种形态的组合，所以一定要准确区分出来：CCI表现为第二次向上突破常态区域，在超买区域形成向下拐头时；量价表现为阴量下跌。

（2）二次突破常态区的阴量转跌出现时，如果CCI在二次进入超买区域后未出现向下拐头，只是出现平行或小幅水平震荡，在此期间量价会表现为放量滞涨，所以同样是一种最佳的卖出时机。

（3）在二次突破常态区的阴量转跌形成期间，阴量转跌时，K线为阴线下跌状态，阴量可以表现为放量，但此时只要根据放量下跌来判断卖点即可。如果阴量放大不明显时，只要K线为阴线下跌，就应果断卖出股票。

9.5.5　技巧五：CCI底部方向不明，绝不买入

CCI底部方向不明，是指当CCI在常态区域的偏下位置震荡，或是进入超卖区域后，如果回升的态势不明朗时，即CCI在超卖区域与常态区呈小幅震荡时，同时股价也表现出小幅震荡的不明显时，意味着CCI底部未形成明显的回升，方向不明，就一定要采取坚决不买入的态度。

具体要求：

（1）CCI底部方向不明，主要是CCI表现在偏弱区域的小幅震荡，也就是CCI位于常态区域的偏下方，或是在超卖区域，向上或向下的方向不明显时，意味着底部回升的意愿不强烈。

如图9-37所示，天齐锂业（002466）在A区域、B区域和C区域，CCI均位于-100线的超卖区附近小幅震荡，向上或向下的方向不明显，这时就应继续观察。

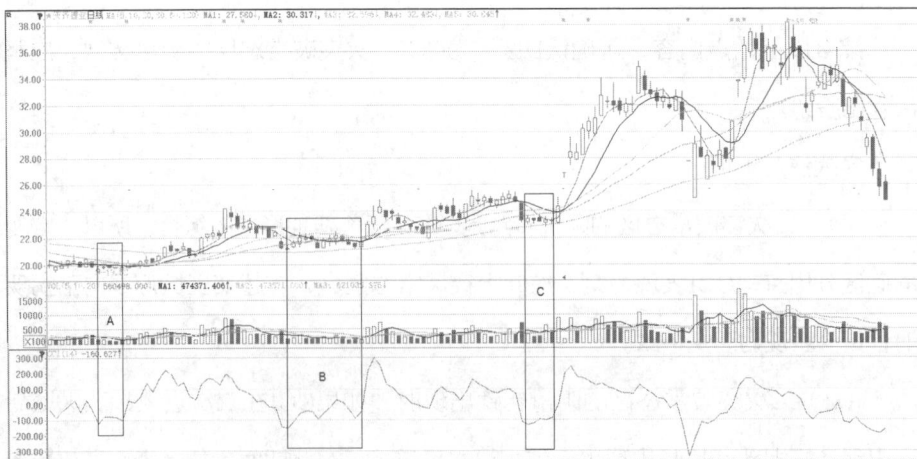

图9-37　天齐锂业-日线图

（2）CCI底部方向不明时，应结合其他指标来辅助判断，如MACD相距较近的水平小幅震荡，或是MA的均线缠绕，只要出现就意味着当前的趋势为震荡趋势，就不应轻易买入。如图9-37中的A区域、B区域和C区域内，均表现为不同程度的均线缠绕的弱势震荡。

综合以上两点内容，可以确认A区域、B区域和C区域均表现为CCI底部方向不明，应坚决不买入股票。

实战注意事项：

（1）在大多数时候，CCI底部方向不明时，股价均表现为一种弱势震荡，因此在判断趋势方向时，应参考其他辅助指标来判断当前的趋势，因为CCI在常态区的运行方向多数不会十分明显。

（2）CCI底部方向不明时，也说明未形成底部回升的转强形态，所以根本不符合买入形态与买点形态要求，因此，在判断CCI底部方向不明时，往往其间的量能水平也会保持在当前的低量水平。

9.5.6 技巧六：CCI顶部方向不明，坚决卖出

CCI顶部方向不明，是指当CCI进入超买区域，甚至是在常态区域偏上的位置时，也就是股价经过上涨后，虽然未形成明显的顶部形态，但却终止继续上行，说明继续持股已经无法实现获利，因此应坚决卖出。

具体要求与交易技巧：

（1）CCI顶部方向不明，大多数时候是发生在股价经过一定幅度的上涨后，在持股中发现股价无法再继续上涨，但也未形成明显的向下运行，而是转为在横盘小幅震荡，即表明方向不明。

如图9-38所示，恒瑞医药（600276）在A段持续上涨的走势中，进入B区域，出现股价的横盘小幅震荡，这时应及时观察CCI的情况。

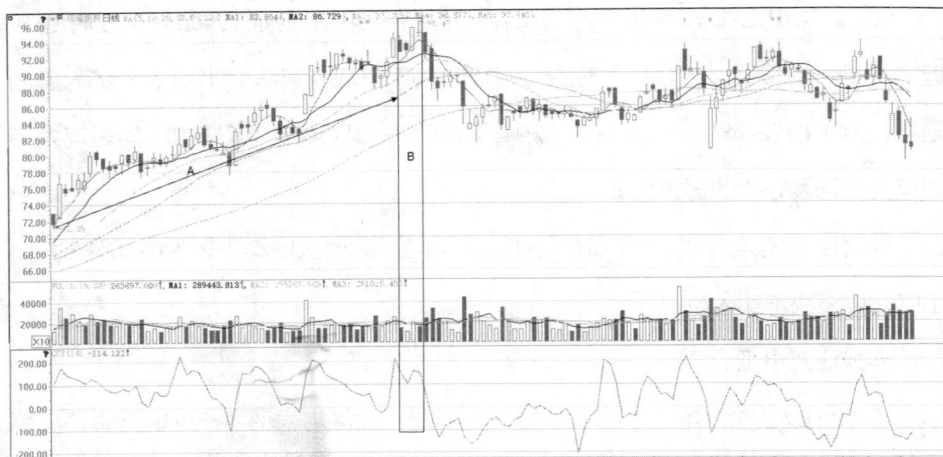

图9-38　恒瑞医药-日线图

（2）CCI顶部方向不明时，CCI可以发生在超买区域，也可以发生在常态区域的偏上方位置，出现方向不明的震荡，应卖出股票。如图9-38中的B区域，CCI表现为在+100线之上的超买区中止上行后的略回落小幅震荡。

综合以上两点内容，可以确认B区域形成CCI顶部方向不明，应坚决卖出股票。

实战注意事项：

（1）CCI顶部方向不明出现时，通常情况下量价会形成高位放量滞涨，所以，在判断时，高位放量滞涨也是一个标准，CCI此时表现为中止继续上行，但未明显转跌，在高位区域形成水平小幅震荡。

（2）由于CCI操盘属于一种短线捕捉牛股的操作，因此，一旦CCI在顶部方向不明时，说明股价起码处于一种高位盘整的状态，此时已经在持股中实现获利，所以不可过于期待涨幅。